Tle BAC PRO

NOUVEAU BAC PRO

Français

- **Michèle Sendre-Haïdar,**
  inspectrice de l'Éducation nationale
- **Françoise Abjean,**
  professeure de lycée professionnel
- **Simon Benistant,**
  professeur de lycée professionnel
- **Maïlys Cremaschi,**
  professeure de lycée professionnel
- **Bruno Girard,**
  inspecteur de l'Éducation nationale
- **Florence Guittard,**
  formatrice INSPE et professeure de lycée professionnel
- **Caroline Le Borgne,**
  inspectrice de l'Éducation nationale
- **Florian Seuzaret,**
  professeur de lycée professionnel

FOUCHER

Conception de maquette
Christine Masson

Mise en page
Ici & ailleurs

Iconographie
Nelly Gras
Hatier Illustration

Relecture
Anne Rémond

ISBN 978-2-216-16189-8

Votre manuel

» Pour étudier l'objet d'étude « Vivre aujourd'hui »

4 séquences liant Lecture et Expression, enrichies par des **séances** En écho.

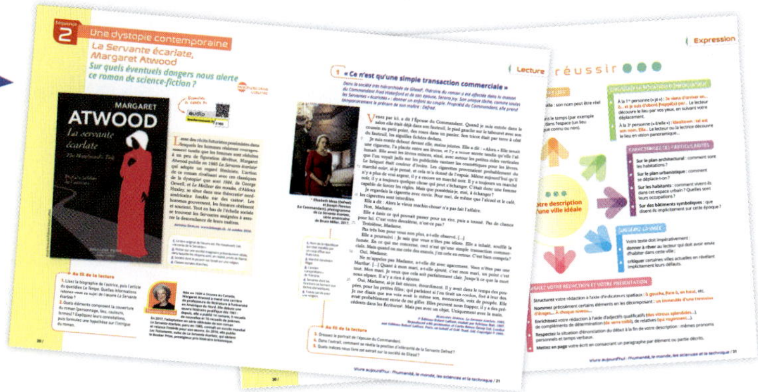

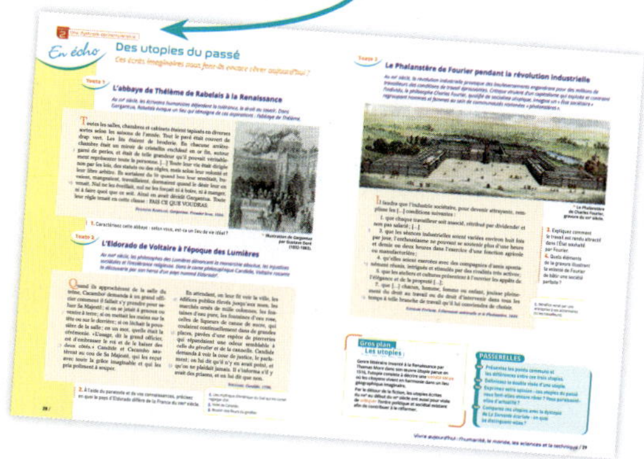

16 pages Accompagnement personnalisé pour travailler l'étude de la langue.

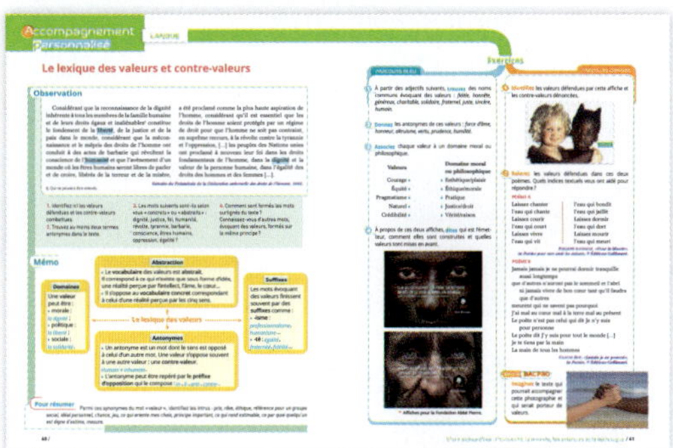

10 pages Co-intervention et Chef-d'œuvre.

» Pour se préparer au bac pro

24 pages de Méthode bac pro, dont **2 sujets de bac pro** : des corpus pour s'entraîner en situation et des récapitulatifs méthodologiques.

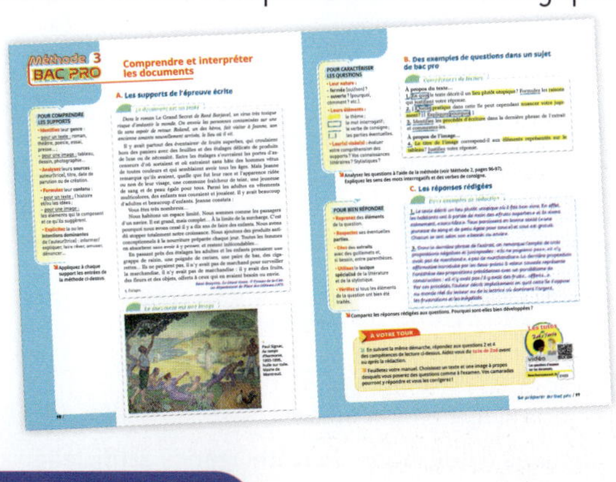

» Pour se projeter dans l'après-bac

Pour l'Accompagnement à l'orientation :
8 pages pour les élèves visant l'insertion professionnelle et **18 pages** pour ceux se destinant à la poursuite d'études.

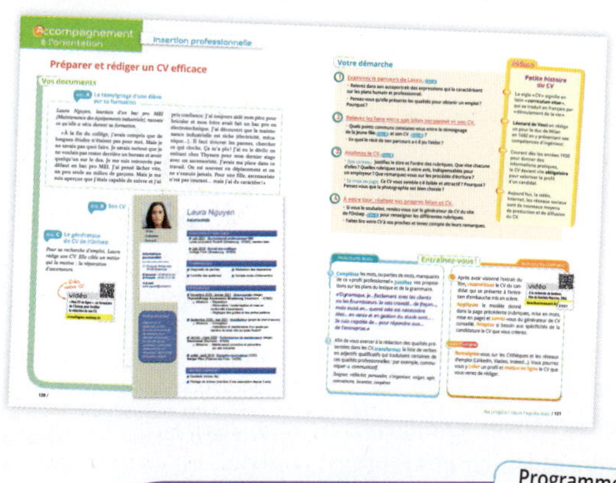

En bonus…

Des conseils en vidéo avec les Les tutos de Zoé & Yanis.

Programme limitatif 2021-2023

En + dans le manuel numérique

1 **séquence** supplémentaire sur une œuvre du programme limitatif et un **sujet de bac pro**

Sommaire

Objet d'étude

Vivre aujourd'hui : l'humanité, le monde, les sciences et la technique

« Pour vivre aujourd'hui, il convient de questionner le monde actuel, ses continuités et ses bouleversements, d'interroger la manière dont l'humanité s'y inscrit et s'y projette. Il convient aussi de faire preuve de recul et de saisir comment les questions les plus actuelles ont été abordées naguère comme jadis, ici comme ailleurs. »

Programme de français,
T[le] professionnelle (B.O. du 5 février 2020)

Se préparer au bac pro

Se projeter dans l'après-bac

Accompagnement à l'orientation

Les ressources numériques

Programme limitatif
2021-2023

Pour le programme limitatif

Un **dossier spécial programme limitatif** sur « Le jeu : futilité, nécessité », accessible dans le **manuel numérique** et sur **foucherconnect.fr/21f46**.

→ Une **séquence** « Parcours de lecture » sur *Le Joueur d'échecs* de Stefan Zweig.

→ Un **sujet de bac pro** complet.

Ces contenus seront actualisés tous les deux ans en fonction du nouveau thème.

Dossier spécial programme limitatif.
foucherconnect.fr/21f46

11 MP3

Écoutez les textes du manuel lus par des comédiens.

25 liens vers des vidéos et des sites internet

Prolongez l'étude des textes et documents du manuel **en regardant des vidéos, écoutant des interviews ou naviguant sur Internet.**

Regardez les conseils de Pôle Emploi.

vidéo
Comment bien préparer son entretien d'embauche ?
foucherconnect.fr/21f34

10 tutoriels vidéo

vidéo
Sommaire des tutos.
foucherconnect.fr/21f00

Regardez les tutos de Zoé et Yanis pour vous préparer efficacement à l'épreuve de français du bac pro !

- L'épreuve écrite du bac pro en français
- La formulation des consignes
- Les questions d'examen sur les documents
- Le corpus et la question de confrontation
- La rédaction d'une démonstration nuancée
- Les arguments et les exemples dans un argumentaire
- Les erreurs et maladresses en expression écrite
- Les critères d'évaluation de l'épreuve écrite
- L'oral de contrôle

>> En + Rédiger son projet de formation motivé sur Parcoursup

Art digital, création du collectif teamLab fondé par Toshiyuki Inoko, Digital Art Museum, Tokyo, 2018.
Se présentant comme un collectif d'art interdisciplinaire, les artistes, programmeurs, ingénieurs, mathématiciens et architectes officiant pour teamLab cherchent à naviguer à la confluence de l'art, des sciences, de la technologie et de la nature.

Objet d'étude

Vivre aujourd'hui : l'humanité, le monde, les sciences et la technique

Entrée en matière

Vivre aujourd'hui : l'humanité, le monde, les sciences et la technique

l'humanité

DÉFINITION

- **Ensemble des hommes et des femmes vivant sur la Terre.**
- **Sentiment de bonté, de bienveillance à l'égard des individus.**

le monde

DÉFINITION

- **Espace géographique représenté par la Terre, l'univers, le cosmos.**
- **Groupe possédant des caractéristiques communes comme les humains, les animaux, les choses...**

les sciences et la technique

DÉFINITION

- **Sciences : somme des connaissances humaines dans différents domaines.**
- **Technique : application des sciences et transmission des savoirs.**

Paroles d'élèves ● ● ●

Comment interprétez-vous le titre de l'objet d'étude ?

« L'homme a détruit son propre monde et, par sa propre faute, il court à sa perte. Alors, pour pouvoir perpétuer son espèce et survivre, il met en œuvre de nouvelles techniques grâce aux découvertes scientifiques. »
Simon, terminale bac pro MELEC.

« Il faut profiter de la vie à fond, sans souci et paisiblement. Il faut également essayer de comprendre l'humanité et d'où on vient. Il faut enfin comprendre notre corps, mais aussi les nouveaux appareils techniques comme les robots. » Louane, terminale bac pro ASSP.

« Pour moi, cette phrase signifie qu'aujourd'hui le monde est dirigé par la science. D'ailleurs les personnalités politiques écoutent peut-être trop les scientifiques. On devient de plus en plus dépendant des nouvelles technologies comme les réseaux, et c'est un problème. »
Rafik, terminale bac pro GA.

En mots...

- D'après l'ordre des mots du titre de l'objet d'étude, quel est son thème dominant ?
- Quels liens établissez-vous entre ces termes ?
- Quels mots ont un double sens ? En quoi cela influe-t-il sur le traitement possible de cet objet d'étude ?
- Que montrent les citations d'élèves sur l'interprétation du titre de l'objet d'étude ? Et vous, comment l'interprétez-vous ?
- Selon vous, qu'allez-vous étudier en français à propos de cet objet d'étude ?

Pawel Kuczyński (né en 1976).

Bonne justice

C'est la chaude loi des hommes
Du raisin ils font du vin
Du charbon ils font du feu
Des baisers ils font des hommes

C'est la dure loi des hommes
Se garder intact malgré
Les guerres et la misère
Malgré les dangers de mort

C'est la douce loi des hommes
De changer l'eau en lumière
Le rêve en réalité
Et les ennemis en frères

Une loi vieille et nouvelle
Qui va se perfectionnant
Du fond du cœur de l'enfant
Jusqu'à la raison suprême.

PAUL ELUARD, « Bonne justice », in *Pouvoir tout dire*, 1951, in *Œuvres complètes*, Bibliothèque de la Pléiade, © Éditions Gallimard.

et en images !

- **Que suggère le dessinateur sur la vie d'aujourd'hui ? Est-il optimiste ou pessimiste ?**
- **Le poète partage-t-il ses sentiments ? Et vous, qu'en pensez-vous ?**

Conclusion

- **Si vous deviez dessiner votre vie actuelle, que choisiriez-vous pour la symboliser ?**
- **Quels mots pourraient, selon vous, qualifier notre époque ? Échangez vos propositions.**

Séquence 1

Messages à la jeunesse

Nous reconnaissons-nous dans les valeurs humanistes de nos aînés ?

GROUPEMENT

1 L'appel universel et atemporel d'Émile Zola

Cet extrait est tiré de la Lettre à la jeunesse *rédigée à la suite de la condamnation du capitaine Dreyfus pour haute trahison. Victime d'une erreur judiciaire et d'antisémitisme, ce dernier est condamné au bagne à perpétuité. Émile Zola est bouleversé de voir des jeunes gens parmi les manifestants qui insultent avec violence Dreyfus et ses défenseurs. En réaction, l'écrivain publie le 14 décembre 1897 cette lettre restée célèbre.*

ÉMILE ZOLA (1840-1902)

Journaliste et écrivain engagé dans les combats de son temps contre les injustices sociales et politiques. Il est connu pour ses romans naturalistes, regroupés dans la fresque de vingt volumes relatant la vie des Rougon-Macquart sous le Second Empire.

Jeunesse, jeunesse ! Souviens-toi des souffrances que tes pères ont endurées, des terribles batailles où ils ont dû vaincre, pour conquérir la liberté dont tu jouis à cette heure. Si tu te sens indépendante, si tu peux aller et venir à ton gré, dire dans la presse ce que tu penses, avoir une opinion et l'exprimer publiquement, c'est que tes pères ont donné de leur intelligence et de leur sang. Tu n'es pas née sous la tyrannie, tu ignores ce que c'est que de se réveiller chaque matin avec la botte d'un maître sur la poitrine, tu ne t'es pas battue pour échapper au sabre du dictateur, aux poids faux du mauvais juge. Remercie tes pères, et ne commets pas le crime d'acclamer le mensonge, de faire campagne avec la force brutale, l'intolérance des fanatiques et la voracité[1] des ambitieux. La dictature est au bout.

Jeunesse, jeunesse ! Sois toujours avec la justice. Si l'idée de justice s'obscurcissait en toi, tu irais à tous les périls. Et je ne te parle pas de la justice de nos codes, qui n'est que la garantie des liens sociaux. Certes, il faut la respecter, mais il est une notion plus haute, la justice, celle qui pose en principe que tout jugement des hommes est faillible et qui admet l'innocence possible d'un condamné, sans croire insulter les juges. N'est-ce donc pas là une aventure qui doive soulever ton enflammée passion du droit ? Qui se lèvera pour exiger que justice soit faite, si ce n'est toi qui n'es pas dans nos luttes d'intérêts et de personnes, qui n'es encore engagée ni compromise dans aucune affaire louche, qui peux parler haut, en toute pureté et en toute bonne foi ?

ÉMILE ZOLA, *Lettre à la jeunesse*, 1897.

1. Appétit féroce.

Des lycéennes libanaises manifestent devant le ministère de l'Éducation, ratant leurs cours et se mobilisant, en novembre 2019, pour dénoncer le gouvernement corrompu.

Au fil de la lecture

1. Comment est construit le texte ?
2. LEXIQUE Relevez les mots qui expriment les valeurs que défend Zola et les contre-valeurs qu'il combat.
3. LANGUE Comment Zola rend-il son appel convaincant ?
4. Pourquoi son appel est-il « universel » et « atemporel » ? Vous sentez-vous concerné(e) ?
5. Justifiez le choix de l'illustration de cette page.

2 La lettre ouverte d'Amadou Hampâté Bâ

Visionnez la bande-annonce

vidéo

Human, film de Yann Arthus-Bertrand, 2015.

foucherconnect.fr/21f01

AMADOU HAMPÂTÉ BÂ (1901-1991)

Ethnologue et écrivain malien, Amadou Hampâté Bâ a longtemps été le représentant du Mali à l'Unesco. Il a défendu la tradition orale et a été qualifié le « sage africain » de sa génération.

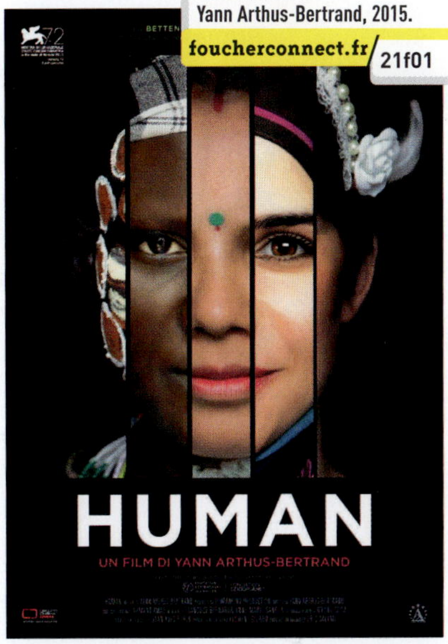

Mes chers cadets,

Celui qui vous parle est l'un des premiers-nés du XXe siècle. Il a donc vécu bien longtemps et, comme vous l'imaginez, vu et entendu beaucoup de choses de par le vaste monde. Il ne prétend pas pour autant être un maître en quoi que ce soit. Avant tout, il s'est voulu un éternel chercheur, un éternel élève, et aujourd'hui encore sa soif d'apprendre est aussi vive qu'aux premiers jours. Il souhaiterait que chacun de vous en fasse autant. […]

Certes, qu'il s'agisse des individus, des nations, des races ou des cultures, nous sommes tous différents, les uns les autres ; mais nous avons tous quelque chose de semblable aussi, et c'est cela qu'il faut chercher pour pouvoir se reconnaître en l'autre et dialoguer avec lui. Alors, nos différences, au lieu de nous séparer, deviendront complémentaires et sources d'enrichissement mutuel. De même que la beauté d'un tapis tient à la variété de ses couleurs, la diversité des hommes, des cultures et des civilisations fait la beauté et la richesse du monde. Combien ennuyeux et monotone serait un monde uniforme où tous les hommes, calqués sur un même modèle, penseraient et vivraient de la même façon ! N'ayant plus rien à découvrir chez les autres, comment s'enrichirait-on soi-même ? À notre époque si grosse de menaces de toutes sortes, les hommes doivent mettre l'accent non plus sur ce qui les sépare, mais sur ce qu'ils ont de commun, dans le respect de l'identité de chacun.

[…] Soyez, jeunes gens, ce bon jardinier qui sait que, pour croître en hauteur et étendre ses branches dans les directions de l'espace, un arbre a besoin de profondes et puissantes racines. Ainsi enracinés en vous-mêmes vous pouvez sans crainte et sans dommage vous ouvrir vers l'extérieur, à la fois pour donner et pour recevoir.

AMADOU HAMPÂTÉ BÂ, « Lettre à la jeunesse » écrite dans le cadre de l'Année internationale de la jeunesse organisée par les Nations unies, 1985.

Au fil de la lecture

6. Quels rappels de sa vie l'auteur tient-il à évoquer ? En quoi est-ce important pour interpréter sa lettre ouverte ?

7. Quel message veut-il laisser à la jeunesse ? Quelle image dans le paragraphe 2 le résume ?

8. Quelle contre-valeur par conséquent combat l'auteur ? Quelles valeurs défend-il ?

9. LANGUE Quelle métaphore filée conclut cet extrait ? Expliquez-la.

10. Selon vous, l'auteur essaye-t-il de convaincre en s'adressant à la raison de son public ou de le persuader en visant sa sensibilité ?

11. Le film de Yann Arthus-Bertrand et son affiche suggèrent-ils certaines de ces valeurs ?

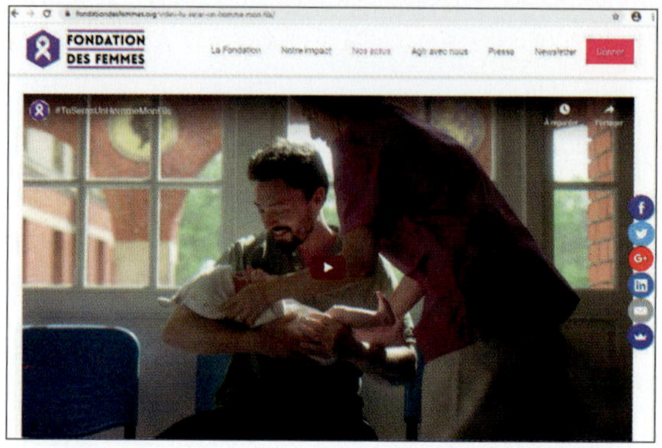

3 La lettre-poème de Rudyard Kipling et sa réécriture

Rudyard Kipling a écrit ce poème en 1910 à l'attention de son unique fils, John, âgé alors de 13 ans.

Rudyard Kipling (1865-1936)

Écrivain britannique, connu pour ses romans pour la jeunesse (*Le Livre de la jungle*, *Kim*, *Simples contes des collines*, *Capitaines courageux*...). Il a obtenu le prix Nobel de littérature en 1907.

Visionnez le spot du rappeur Oxmo Puccino.

vidéo
#TuSerasUnHommeMonFils : campagne de la Fondation des Femmes en 2018.
foucherconnect.fr/21f02

Si tu peux voir détruit l'ouvrage de ta vie
Et sans dire un seul mot te mettre à rebâtir,
Ou perdre en un seul coup le gain de cent parties
Sans un geste et sans un soupir ;
Si tu peux être amant sans être fou d'amour,
Si tu peux être fort sans cesser d'être tendre,
Et, te sentant haï, sans haïr à ton tour,
Pourtant lutter et te défendre ;
Si tu peux supporter d'entendre tes paroles
Travesties[1] par des gueux[2] pour exciter des sots,
Et d'entendre mentir sur toi leurs bouches folles
Sans mentir toi-même d'un mot ;
Si tu peux rester digne en étant populaire,
Si tu peux rester peuple en conseillant les rois,
Et si tu peux aimer tous tes amis en frère,
Sans qu'aucun d'eux soit tout pour toi ;
Si tu sais méditer, observer et connaître,
Sans jamais devenir sceptique ou destructeur,
Rêver, mais sans laisser ton rêve être ton maître,
Penser sans n'être qu'un penseur ;
Si tu peux être dur sans jamais être en rage,
Si tu peux être brave et jamais imprudent,
Si tu sais être bon, si tu sais être sage,
Sans être moral ni pédant[3] ;
Si tu peux rencontrer Triomphe après Défaite
Et recevoir ces deux menteurs d'un même front[4],
Si tu peux conserver ton courage et ta tête
Quand tous les autres les perdront,
Alors les Rois, les Dieux, la Chance et la Victoire
Seront à tout jamais tes esclaves soumis,
Et, ce qui vaut mieux que les Rois et la Gloire
Tu seras un homme, mon fils.

Rudyard Kipling, «*If*», traduit et réécrit par André Maurois in *Les Silences du colonel Bramble*, © Héritiers André Maurois et Éditions Grasset & Fasquelle, 1921.

1. Mal interprétées, déformées.
2. Fripons, truands.
3. Donneur de leçons.
4. En sachant les affronter tous les deux.

Au fil de la lecture

12. LANGUE Retrouvez l'expression souvent répétée qui structure le poème. Identifiez la nature grammaticale et la valeur de la proposition qu'elle introduit.

13. Quelles valeurs le père transmet-il à son fils ? Résumez ses conseils. Auquel êtes-vous le plus sensible ?

14. Quel est l'objectif du spot d'Oxmo Puccino de 2018 ? Comment actualise-t-il le texte ?

15. Une mère donnerait-elle, selon vous, les mêmes conseils à sa fille ?

16. Et pour vous, quelles devraient être les principales qualités d'un homme ou d'une femme du XXIe siècle ?

LE POINT SUR Messages à la jeunesse

Présenter le corpus

Présentez, dans un court paragraphe, les informations sur les textes du groupement : auteurs, titres, dates de parution, destinataires, thème commun.

Synthétiser

Vous pouvez répartir entre vous les axes d'analyse et rendre compte ensuite de vos recherches à l'ensemble de la classe.

La forme des messages

1. Quelles formes prennent ici les trois messages ? Définissez-les.
2. Citez des expressions significatives pour justifier vos choix.

Les contextes

3. Dans quels contextes géographiques et/ou historiques ces textes ont-ils été rédigés ? Appuyez-vous sur les repères biographiques et les paratextes.
4. En quoi les documents illustrant les textes les actualisent-ils ?

Les contre-valeurs et valeurs exprimées

5. Quelles contre-valeurs combattent les trois textes ?
6. Au contraire, quelles sont les valeurs que cherche à transmettre chacun d'entre eux ? Pourquoi sont-elles « humanistes » ?

L'art de convaincre ou de persuader

7. Quels procédés sont employés pour persuader ou convaincre les destinataires de ces messages ?

Conclure

Dans un développement construit et illustré, expliquez **en quoi vous vous reconnaissez ou pas dans les valeurs humanistes de nos aînés**.

Vers le BAC PRO

Retrouvez d'autres célèbres lettres ouvertes à la jeunesse. Sélectionnez-en une ou un extrait qui vous parle particulièrement. Apprenez-le par cœur et déclamez-le pour vos camarades !

Notions-clés

La lettre ouverte

- **Texte** qui, bien qu'adressé à une ou plusieurs personnes en particulier, est **exhibé publiquement** afin d'être lu par un plus large groupe.
- Les **destinataires** sont souvent identifiés : hommes politiques, décideurs, groupes sociaux...

D'autres formes de messages publics

- L'**allocution** : discours bref adressé à un public précis.
- Le **tract** : feuille de papier imprimée distribuée gratuitement ou collée aux murs.
- La **pétition** : requête d'un groupe pour obtenir réponse à une réclamation.
- L'**affiche**.

Les notions de valeur et de contre-valeur

- **Valeur** : ce qui guide positivement le jugement et les actes des individus et des sociétés (ex. : la tolérance).
- **Contre-valeur** : ce qui guide plutôt négativement nos actes et que l'on combat (ex. : l'intolérance).
- Les valeurs, souvent **universelles ou individuelles**, sont le **fruit d'un héritage** familial, social, culturel ou civilisationnel.

Des contextes et visées

- Tout message porteur de valeurs est produit dans une **situation politique et/ou sociale** (injustices, conflits, coups de force, violences...).
- Certains **dénoncent**, pointent du doigt, accusent, appellent à une réaction...
- D'autres visent à faire **agir ou réagir**.

En écho

L'art, une autre forme de lettre ouverte

Comment certains artistes contemporains nous interpellent-ils sur le monde actuel ?

Doc 1

Un message dans la rue

Isaac Cordal est un plasticien et photographe espagnol qui, à travers notamment ses sculptures de béton, aborde les questions du réchauffement climatique, de la bureaucratie, du pouvoir, de la solitude, de l'abandon... Ses personnages sont souvent installés dans diverses situations absurdes de l'espace urbain pour amener le spectateur à s'interroger sur le rôle et la place qu'il occupe dans la collectivité.

Isaac Cordal, *Follow the leaders* (« Suivez les politiciens »), Montréal, Canada, 2015.

1. Décrivez cette photographie. Pourquoi peut-on dire qu'il s'agit d'une œuvre d'art ?

2. Quels sentiments peuvent éprouver les passants en découvrant cette œuvre dans la rue ?

3. Que dénonce ici Isaac Cordal ?

Doc 2

Une sculpture impressionnante

Le Support *de Lorenzo Quinn est une installation en plein air qui met en scène deux mains géantes qui sortent du Grand Canal à Venise et semblent soutenir la structure de l'hôtel Ca' Sagredo.*

Lorenzo Quinn, *Support* (« Soutien » en français), sculpture monumentale éphémère réalisée pour la Biennale de Venise de 2017.

4. Quel est l'effet de ces mains sur le visiteur arrivant à Venise ?

5. Que veut montrer l'artiste sur la situation de Venise aujourd'hui ?

Doc 3

Une exposition immersive

Retrouver et sentir une nature vivante, odorante et poétique, tel est le propos de l'artiste américaine et environnementaliste Vaughn Bell. Constitué de quatre terrariums, Village Green *offre autant de petits paysages fragiles et merveilleux dans lesquels le visiteur s'immerge en y glissant sa tête.*

Vaughn Bell, *Local Homes*, 2018. Installation au jardin botanique de Chicago (États-Unis). Acrylique, terre, mousses et plantes des écosystèmes des tourbières, des bois et des ravins.

6. Quel est l'effet attendu sur le visiteur de cette exposition singulière ?

Doc 4

Une sculpture vivante

Douze morceaux d'iceberg de plusieurs tonnes venus du Groenland fondent doucement sur la place du Panthéon, en marge de la COP21 réunissant tous les plus grands pays du monde à Paris pour lutter contre le réchauffement climatique.

Olafur Eliasson et Minik Rosing, 2014, *Ice Watch*, Place du Panthéon, Paris, 2015.

7. Sur quoi sommes-nous ici interpellés ?

8. Pourquoi peut-on qualifier cette œuvre d'art « éphémère » et « à message » ?

Gros plan
Arts et climat

De nos jours, la Terre est mise à rude épreuve. Les artistes s'interrogent et nous interpellent sur son état et les risques qui nous guettent. Cela peut prendre la forme du *street art* (art des rues), du *land art* (art de et dans la nature), de performances ou encore de présentations éphémères. Souvent les artistes nous interpellent ou nous alertent, interrogent nos usages et pratiques, proposent de nouvelles voies, une diversité de possibles. Ils nous donnent à voir des paysages nouveaux et émouvants pour un monde blessé et mouvant.

PASSERELLES

- Dites précisément en quoi les documents de cette double page font écho aux lettres ouvertes du groupement de textes précédent.
- Comment les artistes parviennent-ils à nous interpeller dans ces exemples ?

Écrire
une pétition pour agir ensemble

VOTRE SUJET

Après avoir lu le texte ci-dessous, à votre tour, vous vous adressez à la jeunesse d'aujourd'hui dans une pétition. Celle-ci dénoncera une injustice et appellera à réagir. Elle précisera la ou les formes pacifiques et citoyennes de cette action. Proposez votre pétition à la signature de vos camarades et celle qui en aura reçu le plus grand nombre remportera le premier prix. Elle pourra être publiée sur un site de pétitions en ligne et peut-être sera-t-elle à nouveau signée par d'autres jeunes.

Pour vous aider

- Reportez-vous aux notions-clé de la page 15.
- Consultez les pages Accompagnement sur le lexique des valeurs (p. 60) et les procédés d'interpellation (p. 66).

Une pétition

Malala Yousafzai (née en 1997) est une jeune Pakistanaise lauréate du prix Nobel de la paix en 2014. En avril 2014, alors que 276 jeunes lycéennes ont été enlevées à Chibok au Nigéria par les terroristes du groupe Boko Haram, elle lance une pétition internationale aux côtés du mouvement « Bring back our girls » (traduction : « rendez-nous nos filles »). Sa pétition a recueilli plus d'un million de signatures dans le monde.

Soutenez les jeunes Nigérianes : montrez au monde que nous sommes plus forts que ceux qui refusent l'éducation pour les filles.

Je suis au Nigéria avec certaines des jeunes filles courageuses qui ont tant sacrifié pour accéder à l'éducation et réaliser leurs rêves. Nous VOUS adressons cette pétition pour vous demander de vous joindre à nous. J'ai eu l'honneur de rencontrer plusieurs de ces jeunes filles hier et, après avoir écouté, partagé et pleuré ensemble, nous avons un message pour vous :

Nous ne resterons pas silencieuses tandis que nos sœurs au Nigéria et dans le monde sont la cible de cette guerre contre l'éducation. Ensemble, nous sommes plus fortes que l'oppression. Nous sommes plus fortes que la violence. Nous sommes plus fortes que la peur. Nous avons le droit à une éducation et nous allons l'emporter. Nous verrons le retour de nos sœurs innocentes au Nigéria, elles et tous les enfants pourront aller à l'école. Nous sommes plus fortes que ceux qui se dressent sur notre chemin. Rejoignez-nous et ensemble nous allons gagner.

Malgré notre force et notre détermination, nous ne pouvons pas y arriver seules. Ces filles au Nigéria doivent savoir qu'elles ne sont pas seules ; nous n'oublierons pas celles qui sont encore en captivité. Nous avons besoin de votre soutien. Signez cette déclaration pour montrer que vous êtes avec nous et qu'ensemble nous sommes plus forts que la peur, l'oppression et la violence.

Malala

Pétition publiée sur le site Change.org, août 2014.

▲ Malala Yousafzai entourée de cinq lycéennes de Chibok, lors d'une conférence de presse à Abuja, au Nigéria, en juillet 2014.

Pour lancer votre pétition

site internet

www.change.org

Pour réussir ●●●

RESPECTEZ LA SITUATION DE COMMUNICATION

- Présentez la **jeunesse** à qui vous vous adressez.
- Choisissez les **pronoms** pour lui parler : tutoiement ou vouvoiement.
- Insérez le mode **impératif** dans un passage du texte.
- Exprimez-vous à la **première personne** : « je » ou « nous ».

DÉFINISSEZ LA VISÉE DE VOTRE PÉTITION

- Déterminez votre (ou vos) **objectif(s)** :
  - défendre une **idée** ?
  - sensibiliser à une **cause** ?
  - donner votre **opinion** sur un sujet d'actualité ?
  - répondre à une **question posée** à l'occasion d'une controverse ?
  - **s'interroger** publiquement ?
  - dénoncer une **injustice** ?
  - appeler à **manifester** ?
  - obtenir une **réparation** ou un **droit** ?

●●● **votre pétition**

MAÎTRISEZ VOTRE SUJET

- Présentez précisément le **but** de la pétition.
- Abordez des **connaissances** au sujet de ce qui vous a poussé(e) à pétitionner.
- Trouvez des **arguments** et **contre-arguments** pour inviter à agir ou réagir.
- Prévoyez d'intégrer des **exemples** précis, des **faits** qui illustreront vos affirmations.
- Intégrez le **mode d'action** pacifique que vous proposez aux jeunes et donnez un **rendez-vous précis** pour votre action citoyenne.

SOIGNEZ VOTRE PRÉSENTATION ET VOTRE STYLE

- Utilisez un **lexique** approprié (celui des valeurs évoqué page 60 par exemple).
- Pensez la **construction générale** de votre texte, son plan et sa conclusion.
- Rédigez des **interpellations** (des pronoms comme « toi », « vous », suivis de subordonnées relatives, des vocatifs comme « ô », des interjections comme « oui » ou « non », etc.). Aidez-vous du Mémo de la page 66.
- Notez aussi des **questions** pour interpeller le destinataire.
- Intégrez des **anaphores** (répétitions régulières de structures ou de mots).
- Jouez avec la **typographie** : polices de caractères, gras, majuscules, surlignés, etc.
- Insérez une ou des **images**.

Séquence 2

Une dystopie contemporaine

La Servante écarlate, Margaret Atwood

Sur quels éventuels dangers nous alerte ce roman de science-fiction ?

PARCOURS DANS L'ŒUVRE

Écoutez le texte lu.

audio foucherconnect.fr/21f03

Lasse des récits futuristes pessimistes dans lesquels les hommes résistent courageusement tandis que les femmes sont réduites à un peu de figuration dévêtue, Margaret Atwood publie en 1985 *La Servante écarlate*[1] qui adopte un regard féministe. L'action de ce roman rivalisant avec ces classiques de la dystopie[2] que sont *1984*, de George Orwell, et *Le Meilleur des mondes*, d'Aldous Huxley, se situe dans une théocratie[3] nord-américaine fondée sur des castes[4]. Les hommes gouvernent, les femmes obéissent et sourient. Tout en bas de l'échelle sociale se trouvent les Servantes assignées à assurer la descendance de leurs maîtres.

Antoine Duplan, www.letemps.ch, 18 octobre 2019.

1. Le titre original de l'œuvre est *The Handmaid's Tale*, « le conte de la Servante ».
2. Fiction sur une société imaginaire prétendument idéale, dans laquelle les citoyens sont, en réalité, privés de liberté.
3. Société dont le pouvoir est fondé sur une religion.
4. Classes sociales étanches.

Au fil de la lecture

1. Lisez la biographie de l'autrice, puis l'article du quotidien *Le Temps*. Quelles informations retenez-vous au sujet de l'œuvre *La Servante écarlate* ?
2. Quels éléments composent la couverture du roman (personnage, lieu, couleurs, formes) ? Expliquez leurs connotations, puis formulez une hypothèse sur l'intrigue du roman.

Margaret Atwood

Née en 1939 à Ottawa au Canada, Margaret Atwood a mené une carrière de professeure de littérature à l'université en Amérique du Nord. Elle débute une œuvre littéraire prolifique dès 1961 : depuis, elle a publié 14 romans, 9 recueils de nouvelles et 16 recueils de poèmes. En 2017, l'adaptation en série télévisée de son roman *La Servante écarlate*, paru en 1985, connaît un succès mondial et relance l'intérêt pour son œuvre. En 2019, elle publie *Les Testaments*, suite de *La Servante écarlate*, qui obtient le Booker Prize, prestigieux prix littéraire britannique.

1 « Ce n'est qu'une simple transaction commerciale »

Dans la société très hiérarchisée de Gilead[1], l'héroïne du roman a été affectée dans la maison du Commandant Fred Waterford et de son épouse, Serena Joy. Son unique tâche, comme toutes les Servantes « écarlates » : donner un enfant au couple. Propriété du Commandant, elle prend temporairement le prénom de son maître : Defred.

Elisabeth Moss (Defred) et Joseph Fiennes (le Commandant), photogramme de *La Servante écarlate*, série américaine de Bruce Miller, 2017.

Venez par ici, a dit l'Épouse du Commandant. Quand je suis entrée dans le salon elle était déjà dans son fauteuil, le pied gauche sur le tabouret avec son coussin au petit point, des roses dans un panier. Son tricot était par terre à côté du fauteuil, les aiguilles fichées dedans.

Je suis restée debout devant elle, mains jointes. Elle a dit : « Alors. » Elle tenait une cigarette, l'a placée entre ses lèvres, et l'y a tenue serrée tandis qu'elle l'allumait. Elle avait les lèvres minces, ainsi, avec autour les petites rides verticales que l'on voyait jadis sur les publicités vantant les cosmétiques pour les lèvres. Le briquet était couleur d'ivoire. Les cigarettes provenaient probablement du marché noir[2], ai-je pensé, et cela m'a donné de l'espoir. Même aujourd'hui qu'il n'y a plus de vrai argent, il y a encore un marché noir. Il y a toujours un marché noir, il y a toujours quelque chose qui peut s'échanger. C'était donc une femme capable de forcer les règles. Mais que possédais-je, moi, à échanger ?

Je regardais la cigarette avec envie. Pour moi, de même que l'alcool et le café, les cigarettes sont interdites.

Elle a dit : Alors le vieux machin-chose[3] n'a pas fait l'affaire.

Non, Madame.

Elle a émis ce qui pouvait passer pour un rire, puis a toussé. Pas de chance pour lui. C'est votre deuxième, n'est-ce pas ?

Troisième, Madame.

Pas très bon pour vous non plus, a-t-elle observé. [...]

Elle a poursuivi : Je sais que vous n'êtes pas idiote. Elle a inhalé, soufflé la fumée. En ce qui me concerne, ceci n'est qu'une simple transaction commerciale. Mais quand on me crée des ennuis, j'en crée en retour. C'est bien compris ?

Oui, Madame.

Ne m'appelez pas Madame, a-t-elle dit avec agacement. Vous n'êtes pas une Martha[4]. [...] Quant à mon mari, a-t-elle ajouté, c'est mon mari, un point c'est tout. Mon mari. Je veux que cela soit parfaitement clair. Jusqu'à ce que la mort nous sépare. Il n'y a rien à ajouter.

Oui, Madame, ai-je fait encore, étourdiment. Il y avait dans le temps des poupées, pour les petites filles ; qui parlaient si l'on tirait un cordon, fixé à leur dos. Je me disais que ma voix avait le même son, monocorde, voix de poupée. Elle avait probablement envie de me gifler. Elles peuvent nous frapper, il y a des précédents dans les Écritures[5]. Mais pas avec un objet. Uniquement avec la main.

MARGARET ATWOOD, *La Servante écarlate*, 1985,

1. Nom de la république qui s'est installée par un coup d'État aux États-Unis.
2. Marché clandestin illégal.
3. L'ancien « propriétaire » de l'héroïne.
4. Servante dont les fonctions se bornent aux tâches domestiques.
5. Textes sacrés pour une religion.

Au fil de la lecture

3. Dressez le portrait de l'épouse du Commandant.
4. Dans l'extrait, comment se révèle la position d'infériorité de la Servante Defred ?
5. Quels indices nous livre cet extrait sur la société de Gilead ?

2 « Béni soit le fruit »

Outre leur mission procréatrice, les Servantes sont autorisées à sortir pour acheter les courses demandées par les Marthas chargées de faire la cuisine et le ménage. Dans cette scène, Defred part en ville avec son binôme imposé, Deglen, car toute promenade solitaire leur est interdite.

Une forme, rouge avec des ailes blanches autour du visage, une forme pareille à la mienne, une femme indéfinissable qui porte un panier s'avance vers moi le long du trottoir de briques rouges. Elle me rejoint et nous nous scrutons le visage, du fond des tunnels de tissu blanc qui nous enferment. C'est bien elle.

« Béni soit le fruit », me dit-elle, le salut consacré entre nous.

Je réponds : « Que le Seigneur ouvre », la réplique convenue. Nous faisons demi-tour et cheminons ensemble, le long des grandes maisons, vers le centre de la ville. Nous ne sommes pas autorisées à nous y rendre, sauf à deux. [...] Au cours de ces promenades, elle n'a jamais rien dit qui ne soit strictement orthodoxe[1], et d'ailleurs moi non plus. Il se peut qu'elle soit une véritable croyante, une Servante pas seulement par le nom. Je ne peux pas courir de risques. [...]

Flanquée de mon double, je parcours la rue. Nous avons quitté le quartier du Commandant, mais ici encore il y a de vastes demeures. Devant l'une d'elles, un Gardien tond la pelouse. Les pelouses sont bien entretenues, les façades plaisantes, en bon état ; on dirait les magnifiques photographies que l'on voyait avant dans les revues sur les maisons et jardins et la décoration d'intérieur. Même absence de gens, même impression de sommeil. La rue est presque comme un musée, ou une rue de maquette construite pour montrer comment les gens vivaient autrefois. Comme dans ces images, ces musées, ces maquettes de villes, il n'y a pas d'enfants.

Nous sommes au cœur de Gilead, là où la guerre ne peut pas faire intrusion, sauf à la télévision. Où sont les frontières, nous n'en sommes pas sûres, elles varient selon les attaques et contre-attaques, mais nous sommes ici au centre, où rien ne bouge. La république de Gilead, disait Tante Lydia[2], ne connaît pas de frontières. Gilead est en vous.

Ici vivaient jadis des médecins, des avocats, des professeurs d'université. Il n'y a plus d'avocats, et l'université est fermée.

Luke[3] et moi nous promenions ensemble, parfois, le long de ces rues. Nous parlions d'acheter une maison semblable à l'une de celles-ci, une grande vieille maison, que l'on aménagerait. Nous aurions un jardin, des balançoires pour les enfants. Nous aurions des enfants. Tout en sachant qu'il était peu probable que nous en ayons un jour les moyens, c'était un sujet de conversation, notre jeu du dimanche. Pareille liberté paraît aujourd'hui presque aérienne.

Margaret Atwood, *La Servante écarlate*, 1985, © Éditions Robert Laffont, traduit par Sylviane Rué, 1987.

1. Conforme à une doctrine.
2. Guide spirituelle qui forme les Servantes.
3. Le mari de Defred dans son ancienne vie.

Au fil de la lecture

6. Relevez les éléments qui montrent la place de la religion dans la république de Gilead.
7. Sur quelle opposition est bâtie la description des lieux ?
8. Quels sentiments agitent la Servante Defred durant cette promenade ?
9. LANGUE Identifiez les temps et modes verbaux du dernier paragraphe. Justifiez leur emploi. Qu'en concluez-vous sur les deux époques présentes dans le roman ?

3 « Ma nudité me semble maintenant étrange »

Defred doit bientôt être fécondée par le Commandant dans la chambre des époux. Elle prend un bain, assistée par Cora, l'une des Marthas de la maison.

Le bain est une obligation, mais c'est aussi un luxe. Simplement me débarrasser des lourdes ailes blanches et du voile, simplement toucher de nouveau ma propre chevelure avec mes mains constitue un luxe. J'ai les cheveux longs maintenant, non coiffés. Les cheveux doivent être longs mais couverts. Tante Lydia disait : Saint Paul[1] dit que c'est soit cela, soit le crâne rasé. Elle riait, de son hennissement retenu, comme si elle racontait une histoire drôle. [...]

Ma nudité me semble maintenant étrange. Mon corps me paraît démodé. Est-ce que vraiment je portais des maillots de bain, à la plage ? Mais oui, sans y réfléchir, au milieu d'hommes, sans me soucier que mes jambes, mes bras, mes cuisses et mon dos fussent exposés, puissent être vus. *Honteux, impudique*. J'évite de porter les yeux sur mon corps, pas tellement parce qu'il est honteux ou immodeste, mais parce que je ne veux pas le voir. Je ne veux pas voir quelque chose qui me détermine si complètement. [...]

Je me savonne, me frictionne à la brosse et utilise la pierre ponce pour gommer les peaux mortes. Ces accessoires puritains[2] sont fournis. Je veux être totalement propre, sans un microbe, sans une bactérie, comme la surface de la lune. Je ne pourrai pas me laver, ce soir, ni après non plus, pendant toute une journée. Cela perturbe, dit-on, et pourquoi prendre des risques ?

Je ne peux éviter de voir, à présent, le petit tatouage sur ma cheville. Quatre chiffres et un œil, un passeport à l'inverse. Il est censé garantir que je ne pourrai jamais me fondre définitivement dans un autre paysage. Je suis trop importante, trop rare pour cela. Je suis une ressource nationale.

Je tire la bonde, me sèche, passe mon peignoir éponge rouge. [...]

Cora apporte mon dîner, recouvert, sur un plateau. Elle frappe à la porte avant d'entrer. Je lui en sais gré. Cela veut dire qu'elle croit qu'il me reste un peu de ce que nous appelions vie privée. [...] C'est une nourriture assez bonne, quoique fade. Alimentation saine. Il vous faut vos vitamines et vos sels minéraux, disait Tante Lydia en minaudant. Vous devez être des réceptacles parfaits. [...] J'attends. Je me compose un moi. Mon moi est une chose que je dois maintenant composer, comme on compose un discours. Ce que je dois présenter, c'est un objet fabriqué, pas un objet natif.

Margaret Atwood, *La Servante écarlate*, 1985, © Éditions Robert Laffont, traduit par Sylviane Rué.

1. Apôtre de Jésus-Christ.
2. Instruments qui respectent la pureté morale prônée par la religion très rigoriste de Gilead.

Cérémonie de fécondation avec le Commandant en présence de son épouse. Photogramme de la série.

Au fil de la lecture

10. Comment a évolué le regard de Defred sur son propre corps ? Pourquoi ?

11. Pourquoi Defred est-elle tatouée ? Expliquez : « Je suis trop importante... nationale » (l. 21-22).

12. LEXIQUE Que signifient dans le texte les deux derniers adjectifs qualificatifs : « fabriqué » et « natif » ?

4 « Vous êtes les troupes de choc »

Les Servantes écarlates doivent aussi aider à l'accouchement de leurs comparses. Dans cette scène, Defred assiste Dewarren.

Photogramme de la série de Bruce Miller.

À quoi Dewarren va-t-elle donner naissance? À un bébé, comme nous l'espérons toutes? Ou à autre chose, un non-bébé, avec une tête comme une tête d'épingle, ou un museau de chien, ou deux corps ou un trou dans le cœur ou des mains et des pieds palmés. On ne peut pas le savoir. On le pouvait, jadis, avec des machines, mais c'est maintenant interdit. À quoi cela servirait-il de savoir, de toute façon? On ne peut pas les faire passer; dans tous les cas, il faut mener la chose à terme.

Les chances sont d'une sur quatre, nous l'avons appris au Centre. L'atmosphère est devenue trop saturée, un jour, de produits chimiques, rayons, radiations; l'eau grouillait de molécules toxiques, tout cela prend des années à se purifier, et entre-temps cela vous rampe dans le corps, assiège vos cellules graisseuses. Qui sait, votre chair elle-même peut être polluée, sale comme une plage huileuse, mort certaine pour les oiseaux du littoral et les bébés pas encore nés. Peut-être un vautour mourrait-il s'il vous mangeait; peut-être êtes-vous lumineuse dans le noir, comme une horloge démodée. L'horloge de la mort : c'est une espèce de scarabée; il enterre les charognes.

Parfois je ne peux penser à moi-même, à mon corps, sans voir mon squelette : ce que je suis, vue par un électron. Un berceau de vie, fait d'os; et à l'intérieur dangers, protéines déformées, cristaux ratés, ébréchés comme du verre. Les femmes prenaient des médicaments, des pilules, les hommes aspergeaient les arbres, les vaches mangeaient l'herbe, toute cette pisse épicée a coulé dans les rivières. Sans parler des explosions d'usines atomiques, le long de la faille de San Andreas, sans défaillance humaine, au moment des tremblements de terre, et la souche mutante de syphilis, qu'aucune moisissure ne pouvait arrêter. [...]

C'est un risque que vous prenez, disait Tante Lydia, mais vous êtes les troupes de choc, vous serez les avant-coureurs[1] à pénétrer sur des territoires dangereux. Plus grand est le risque, plus grande sera la gloire. Elle joignait les mains, radieuse devant notre courage factice[2]. Nous baissions les yeux sur les couvercles de nos pupitres. Supporter tout cela, et donner naissance à un déchet : l'idée n'avait rien de plaisant. Nous ne savions pas ce qui arrivait aux bébés qui ne passaient pas l'examen, qui étaient déclarés non-bébés. Mais nous savions qu'on les faisait disparaître, quelque part, rapidement.

Margaret Atwood, *La Servante écarlate*, 1985,

1. Les premiers, les précurseurs.
2. Faux, fabriqué.

Au fil de la lecture

13. Pourquoi cette naissance est-elle redoutée par Defred et les Servantes ?

14. Quelles raisons expliquent la faible fécondité des femmes de Gilead ?

15. Pourquoi les Servantes jouent-elles un rôle crucial dans cette société ?

5 « Les femmes n'ont plus droit à la propriété »

Defred se remémore l'avènement du régime de Gilead, alors qu'elle vivait heureuse avec les siens dont elle a été séparée : son mari Luke, sa fille, sa mère et son amie Moira.

C'était après la catastrophe, quand ils ont abattu le président, mitraillé le Congrès[1] et que les militaires ont décrété l'état d'urgence. Ils ont rejeté la faute sur les fanatiques islamiques, à l'époque.

Restez calmes, disait la télévision. La situation est entièrement maîtrisée.

J'étais abasourdie. Tout le monde l'était. Je le sais. C'était difficile à croire. Le gouvernement tout entier, disparu comme dans une trappe. Comment sont-ils entrés, comment cela s'est-il passé ? C'est à ce moment-là qu'ils ont suspendu la Constitution. Ils disaient que ce serait temporaire. Il n'y a même pas eu d'émeutes dans la rue. Les gens restaient chez eux le soir, à regarder la télévision, à chercher à s'orienter. Il n'y avait même pas un ennemi sur lequel mettre le doigt.

Attention, m'a dit Moira au téléphone. Ça y est.

Ça y est, quoi ?

Attends un peu. Ça fait un moment qu'ils sont en train de monter ça. Toi et moi on a le dos au mur, ma belle. Elle citait une expression de ma mère, mais elle n'avait pas l'intention d'être drôle.

Tout s'est maintenu dans cette atmosphère d'animation suspendue pendant plusieurs semaines, quoiqu'il se soit passé un certain nombre de choses : les journaux ont été censurés, et certains ont cessé de paraître, pour des raisons de sécurité, a-t-on dit. Les barrages sur les routes ont commencé à apparaître, ainsi que les Identipasses. [...]

J'ai été renvoyée, ai-je annoncé à Moira quand je l'ai eue au téléphone. [...] Quand j'ai eu terminé ; elle a demandé : As-tu essayé d'acheter quelque chose avec ton Ordinacarte aujourd'hui ?

Oui. Je lui ai raconté aussi cela.

Ils les ont gelées, a-t-elle dit. La mienne aussi. Celles du collectif[2] aussi. Tous les comptes qui portent un F au lieu d'un M. Il leur suffit d'appuyer sur quelques boutons. Nous sommes coupées.

J'ai objecté : Mais j'ai plus de deux mille dollars à la banque ! comme si mon compte à moi était ce qui importait.

Les femmes n'ont plus droit à la propriété. C'est une nouvelle loi. [...]

Il y eut des marches de protestation, bien sûr, avec beaucoup de femmes et quelques hommes. Mais elles étaient plus clairsemées qu'on n'aurait pu s'y attendre. J'imagine que les gens avaient peur. Et quand l'on sut que la police, ou l'armée, en tout cas les forces de l'ordre, ouvriraient le feu dès l'instant où les manifestants auraient commencé à se rassembler, il n'y eut plus de marches de protestation. [...]

Je ne participai à aucune des manifestations. Luke avait dit que ce serait inefficace et je devais penser à eux, ma famille, lui et elle. Je pensais effectivement à ma famille. Je me mis à faire davantage de travaux ménagers [...].

Margaret Atwood, *La Servante écarlate*, 1985, © Éditions Robert Laffont, traduit par Sylviane Rué.

1. Représentants des élus du peuple.
2. Moira travaille dans un collectif qui édite des livres sur la condition féminine.

Au fil de la lecture

16. Quels droits la république de Gilead a-t-elle progressivement supprimés pour les citoyens ?
17. Comment les femmes sont-elles particulièrement discriminées ?
18. Quels sentiments successifs Defred a-t-elle éprouvés face aux événements ? Quelle vie a-t-elle laissée ?

6 « Que ceci soit ma fin ou un nouveau commencement »

Alors qu'elle a noué une liaison avec Nick, le chauffeur du Commandant, et qu'elle est enceinte de lui, Defred s'interroge sur son avenir dans la maison quand surgit un véhicule de la police d'État.

Deux hommes se détachent de la silhouette du fourgon, gravissent le perron, sonnent. J'entends le glas de la sonnette, ding, dong, comme le fantôme d'une colporteuse de fards, dans le vestibule.

C'est donc le pire qui s'annonce.

J'ai perdu mon temps. J'aurais dû prendre les choses en main quand je le pouvais encore. J'aurais dû voler un couteau à la cuisine, dénicher les ciseaux de couture. Il y avait les cisailles de jardin, les aiguilles à tricoter. Le monde est plein d'armes, quand on en cherche ; j'aurais dû faire attention.

Mais il est trop tard pour penser à cela maintenant, ils ont déjà les pieds sur le tapis vieux rose de l'escalier ; un pas lourd et assourdi ; j'ai les tempes qui battent. J'ai le dos tourné à la fenêtre.

J'attends un étranger, mais c'est Nick qui ouvre ma porte, allume la lumière. Je n'y comprends rien, à moins qu'il ne soit des leurs. Cette possibilité a toujours existé. Nick, l'Œil[1] privé. Le sale travail est fait par de sales individus. [...]

« Fais-moi confiance », dit-il, ce qui en soi n'a jamais été un talisman, ne contient aucune garantie.

Mais je m'y agrippe, à cette offre. C'est tout ce qu'il me reste.

L'un devant, l'autre derrière, ils m'escortent dans l'escalier. L'allure est mesurée, les lumières sont allumées. Malgré la peur, comme ceci est ordinaire. [...]

Serena Joy se tient dans le vestibule, les yeux levés vers nous, incrédule. Le Commandant est derrière elle, la porte du salon est ouverte. [...]

Le Commandant porte la main à sa tête. Qu'ai-je pu dire, et à qui, et lequel de ses ennemis a pu le découvrir ? Peut-être sera-t-il considéré désormais comme un danger pour la sécurité. Je suis au-dessus de lui, je le vois d'en haut : il se recroqueville. Il y a déjà eu des purges[2] parmi eux, il y en aura encore. Serena Joy devient blême.

« Salope, dit-elle. Après tout ce qu'il a fait pour vous. »

Cora et Rita[3] se précipitent hors de la cuisine. Cora s'est mise à pleurer. J'étais son espoir ; je lui ai fait faux bond. Maintenant elle restera à jamais sans enfant.

Le fourgon attend dans l'allée du garage ; ses doubles portes sont grandes ouvertes. À eux d'eux, un de chaque côté maintenant, ils me prennent par les coudes pour m'aider à monter. Que ceci soit ma fin ou un nouveau commencement, je n'ai aucun moyen de le savoir. Je me suis abandonnée aux mains d'étrangers parce que je ne peux pas faire autrement.

Et donc je me hisse, vers l'obscurité qui m'attend à l'intérieur ; ou peut-être la lumière.

FIN

Margaret Atwood, *La Servante écarlate*, 1985,

1. Un Œil est un espion au service de la république de Gilead.
2. Élimination de personnes jugées déviantes par un régime politique.
3. Autre Martha de la maison Waterford.

Au fil de la lecture

19. Que regrette Defred au moment où surgit le fourgon ? De quoi a-t-elle peur ?
20. Comment réagit chaque personnage à l'arrestation de Defred ? Pourquoi ?
21. LEXIQUE Relevez dans la dernière phrase deux termes opposés.
Le dénouement est-il donc ouvert ou fermé ? Que va devenir Defred selon vous ?
22. Regardez la bande-annonce de la série. Imaginiez-vous Gilead ainsi ?

Regardez la bande-annonce de la série.

vidéo
Série de Bruce Miller, 2017.
foucherconnect.fr/21f04

LE POINT SUR *La Servante écarlate*, Margaret Atwood

Présenter le roman

Indiquez, à propos du roman, son titre, son autrice, sa date de publication, sa place dans l'œuvre de la romancière, sa postérité.

Synthétiser

Vous pouvez répartir entre vous les axes d'analyse, puis rendre compte de vos recherches.

Le monde de Gilead

1. Dans quel contexte ce monde est-il né ?
2. Est-ce une république démocratique ou un État totalitaire ? Argumentez votre choix.

La société et les rapports humains

3. Comment la société est-elle hiérarchisée ? Nommez les différents groupes d'individus. À quoi les reconnaît-on ?
4. Caractérisez les relations sociales entre les hommes et les femmes. Toutes les femmes sont-elles traitées de la même façon ?

Les sciences et les techniques

5. Quels dangers liés aux sciences et techniques sont à l'œuvre dans Gilead ?
6. Présentez brièvement leurs conséquences sur la population (santé, démographie, mode de procréation).

Les Servantes écarlates et l'héroïne Defred

7. D'où les Servantes tirent-elles leur prénom ? Quelle est leur mission essentielle ? Comment par conséquent sont-elles considérées ?
8. Quelle vie a connue Defred avant ? Avait-elle cependant réagi pendant les changements ?
9. En quoi son destin est-il tragique ?

Conclure

Dans un texte organisé d'une quinzaine de lignes, **expliquez sur quels éventuels dangers nous alerte ce roman dystopique**.

Vers le BAC PRO

Selon vous, comment peut-on éviter l'avènement d'un monde semblable à Gilead ? Dans une argumentation d'une quarantaine de lignes, vous répondrez à cette question en proposant des moyens de résister.

Notions-clés

La science-fiction

- Genre romanesque dont les actions se déroulent dans un **futur** ou un **monde imaginaire**.
- Quelques **sous-genres** de la SF : l'anticipation, le *space opera*, la dystopie, le cyberpunk, le post-apocalyptique, l'uchronie, le steampunk, etc.

Les dystopies et le réel

- Les dystopies évoquent des **sociétés imaginaires totalitaires** où les citoyens sont privés de libertés.
- Elles **dénoncent** une idéologie, un système politique ou social et font **réfléchir sur les évolutions du monde et ses dérives**.
- On y retrouve donc souvent des **allusions aux aspects négatifs du réel**.

Le traitement du temps

- Parfois les romans de SF sont précisément datés (par exemple, l'histoire se passe en 3221) – ce qui n'est pas le cas dans *La Servante écarlate*.
- Sinon l'histoire racontée fait souvent référence à l'ancien monde sous la **forme narrative de « retours en arrière »** signalés par le **changement des temps verbaux** (présent/passé) et des **repères temporels** (« auparavant », etc.).

En écho

Des utopies du passé

Ces écrits imaginaires nous font-ils encore rêver aujourd'hui ?

Texte 1

L'abbaye de Thélème de Rabelais à la Renaissance

Au XVIe siècle, les écrivains humanistes défendent la tolérance, le droit au savoir. Dans Gargantua, *Rabelais évoque un lieu qui témoigne de ces aspirations : l'abbaye de Thélème.*

Toutes les salles, chambres et cabinets étaient tapissés en diverses sortes selon les saisons de l'année. Tout le pavé était couvert de drap vert. Les lits étaient de broderie. En chacune arrière-chambre était un miroir de cristallin enchâssé en or fin, autour garni de perles, et était de telle grandeur qu'il pouvait véritablement représenter toute la personne. [...] Toute leur vie était dirigée non par les lois, des statuts ou des règles, mais selon leur volonté et leur libre arbitre. Ils sortaient du lit quand bon leur semblait, buvaient, mangeaient, travaillaient, dormaient quand le désir leur en venait. Nul ne les éveillait, nul ne les forçait ni à boire, ni à manger, ni à faire quoi que ce soit. Ainsi en avait décidé Gargantua. Toute leur règle tenait en cette clause : FAIS CE QUE VOUDRAS.

François Rabelais, *Gargantua*, Premier livre, 1534.

Illustration de *Gargantua* par Gustave Doré (1832-1883).

1. Caractérisez cette abbaye : selon vous, est-ce un lieu de vie idéal ?

Texte 2

L'Eldorado de Voltaire à l'époque des Lumières

Au XVIIIe siècle, les philosophes des Lumières dénoncent la monarchie absolue, les injustices sociétales et l'intolérance religieuse. Dans le conte philosophique Candide, *Voltaire raconte la découverte par son héros d'un pays nommé Eldorado[1].*

Quand ils approchèrent de la salle du trône, Cacambo[2] demanda à un grand officier comment il fallait s'y prendre pour saluer Sa Majesté ; si on se jetait à genoux ou ventre à terre ; si on mettait les mains sur la tête ou sur le derrière ; si on léchait la poussière de la salle ; en un mot, quelle était la cérémonie. « L'usage, dit le grand officier, est d'embrasser le roi et de le baiser des deux côtés. » Candide et Cacambo sautèrent au cou de Sa Majesté, qui les reçut avec toute la grâce imaginable et qui les pria poliment à souper.

En attendant, on leur fit voir la ville, les édifices publics élevés jusqu'aux nues, les marchés ornés de mille colonnes, les fontaines d'eau pure, les fontaines d'eau rose, celles de liqueurs de canne de sucre, qui coulaient continuellement dans de grandes places, pavées d'une espèce de pierreries qui répandaient une odeur semblable à celle du gérofle[3] et de la cannelle. Candide demanda à voir la cour de justice, le parlement ; on lui dit qu'il n'y en avait point, et qu'on ne plaidait jamais. Il s'informa s'il y avait des prisons, et on lui dit que non.

Voltaire, *Candide*, 1759.

2. À l'aide du paratexte et de vos connaissances, précisez en quoi le pays d'Eldorado diffère de la France du XVIIIe siècle.

1. Lieu mythique d'Amérique du Sud qui est censé regorger d'or.
2. Valet de Candide.
3. Bouton des fleurs du giroflier.

Texte 3

Le Phalanstère de Fourier pendant la révolution industrielle

Au XIXe siècle, la révolution industrielle provoque des bouleversements engendrant pour des millions de travailleurs des conditions de travail éprouvantes. Critique virulent d'un capitalisme qui exploite et contraint l'individu, le philosophe Charles Fourier, qualifié de socialiste utopique, imagine un « État sociétaire » regroupant hommes et femmes au sein de communautés nommées « phalanstères ».

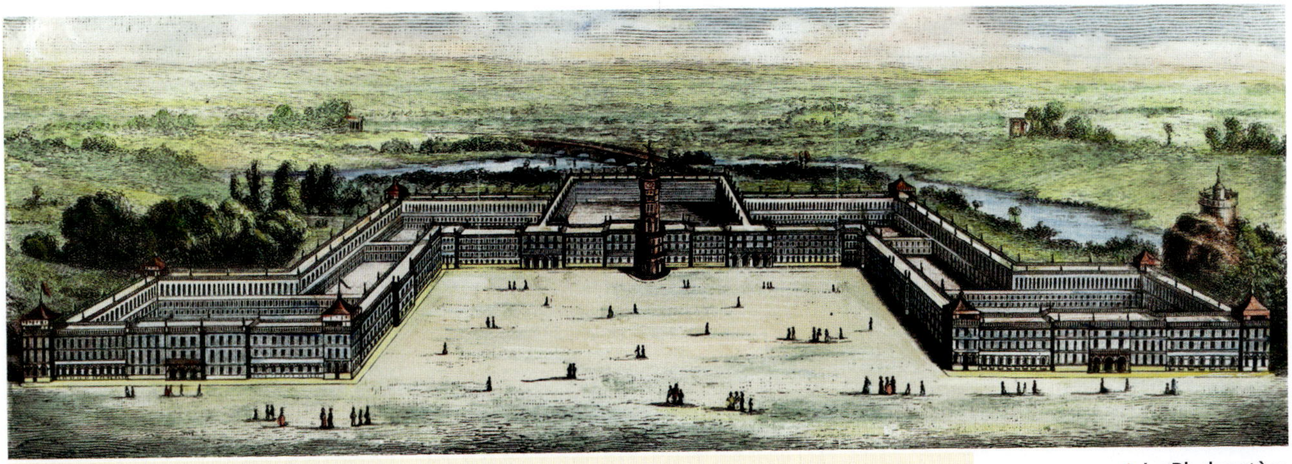

▲ Le Phalanstère de Charles Fourier, gravure du XIXe siècle.

Il faudra que l'industrie sociétaire, pour devenir attrayante, remplisse les [...] conditions suivantes :

1. que chaque travailleur soit associé, rétribué par dividende[1] et non pas salarié ; [...]

3. que les séances industrielles soient variées environ huit fois par jour, l'enthousiasme ne pouvant se soutenir plus d'une heure et demie ou deux heures dans l'exercice d'une fonction agricole ou manufacturière ;

4. qu'elles soient exercées avec des compagnies d'amis spontanément réunis, intrigués et stimulés par des rivalités très actives ;

5. que les ateliers et cultures présentent à l'ouvrier les appâts de l'élégance et de la propreté [...] ;

7. que [...] chacun, homme, femme ou enfant, jouisse pleinement du droit au travail ou du droit d'intervenir dans tous les temps à telle branche de travail qu'il lui conviendra de choisir.

Charles Fourier, *L'Harmonie universelle et le Phalanstère*, 1849.

3. Expliquez comment le travail est rendu attractif dans l'État souhaité par Fourier.

4. Quels éléments de la gravure illustrent la volonté de Fourier de bâtir une société parfaite ?

1. Bénéfice versé par une entreprise à ses actionnaires (ici les travailleurs).

Gros plan — Les utopies

Genre littéraire inventé à la Renaissance par Thomas More dans son œuvre *Utopia* parue en 1516, l'utopie consiste à décrire une société idéale où les citoyens vivent en harmonie dans un lieu géographique imaginaire.

Par le détour de la fiction, les utopies écrites du XVIe au début du XXe siècle ont aussi pour visée de critiquer l'ordre politique et sociétal existant afin de contribuer à le réformer.

PASSERELLES

- Présentez les points communs et les différences entre ces trois utopies.
- Définissez la double visée d'une utopie.
- Exprimez votre opinion : ces utopies du passé vous font-elles encore rêver ? Vous paraissent-elles d'actualité ?
- Comparez ces utopies avec la dystopie de *La Servante écarlate* : en quoi se distinguent-elles ?

Imaginer une ville du futur idéale

VOTRE SUJET

À la manière des auteurs d'utopies étudiées dans la séquence, décrivez en une quarantaine de lignes votre ville du futur idéale en détaillant au choix les caractéristiques suivantes : portrait des habitants, vie sociale, lieux d'habitation, espaces de travail, modes de transport, aires de loisirs... Vous donnerez envie au lecteur d'habiter cette ville et critiquerez implicitement ce qui vous déplaît dans les villes d'aujourd'hui.

Pour vous aider

- Reportez-vous aux pages 28-29 sur les descriptions utopiques du passé.
- Consultez la mise au point ci-contre.
- Vous pouvez vous inspirer des illustrations ci-dessous.

Des exemples de villes futuristes réelle ou imaginaire

Gardens by the bay, parc dans le centre de Singapour, créé en 2012 par le studio Grant Associates Architects.

Projet d'un Paris futuriste à l'horizon 2050, réalisé par l'architecte belge Vincent Callebaut.

Pour réussir

IDENTIFIEZ VOTRE LIEU

- **Nommez** la ville : son nom peut être réel ou inventé.
- **Situez**-la dans le temps (par exemple en 2104) et dans l'espace (un lieu géographique connu ou non).

CHOISISSEZ LA SITUATION D'ÉNONCIATION

- À la 1re personne (« je ») : Je viens d'arriver en… à… et je suis d'abord frappé(e) par… Le lecteur découvre le lieu par vos yeux, en suivant votre déplacement.
- À la 3e personne (« il/elle ») : Idealtown : tel est son nom. Elle… Le lecteur ou la lectrice découvre le lieu en vision panoramique…

CARACTÉRISEZ SES PARTICULARITÉS

- **Sur le plan architectural** : comment sont les habitations ?
- **Sur le plan urbanistique** : comment se déplace-t-on ?
- **Sur les habitants** : comment vivent-ils dans cet espace urbain ? Quelles sont leurs occupations ?
- **Sur des bâtiments symboliques** : que disent-ils implicitement sur cette époque ?

SUGGÉREZ LA VISÉE

Votre texte doit impérativement :

- **donner à rêver** au lecteur qui doit avoir envie d'habiter dans cette ville ;
- **critiquer** certaines villes actuelles en révélant implicitement leurs défauts.

SOIGNEZ VOTRE RÉDACTION ET VOTRE PRÉSENTATION

- **Structurez** votre rédaction à l'aide d'indicateurs spatiaux : à gauche, face à, en haut, etc.
- **Nommez** précisément certains éléments en les décomposant : un immeuble d'une trentaine d'étages… À chaque niveau…
- **Enrichissez** votre rédaction à l'aide d'adjectifs qualificatifs (des vitraux splendides…), de compléments de détermination (de verre taillé), de relatives (qui rayonnent…).
- **Respectez** la situation d'énonciation du début à la fin de votre description : mêmes pronoms personnels et temps verbaux.
- **Mettez en page** votre écrit en consacrant un paragraphe par élément ou partie décrits.

Séquence 3

Des essais engagés

Comment des essayistes nous aident-ils à penser les mutations de notre monde ?

GROUPEMENT

1 L'état des lieux de notre planète selon Cyril Dion

CYRIL DION (né en 1978)

Essayiste, poète, romancier, réalisateur et militant écologiste. Documentariste des films *Demain* (2015) et *Après-demain* (2018). Directeur de la collection « Domaine du possible » aux éditions Actes Sud.

L'épigraphe[1] de l'essai

Il est grand temps de passer d'une société orientée vers les choses à une société orientée sur les êtres. Si l'on pense que les machines et les ordinateurs, le profit et les droits de propriété sont plus importants que les personnes, alors le trio de géants – racisme, matérialisme[2] et militarisme – est impossible à vaincre.

MARTIN LUTHER KING JR[3],
« Au-delà du Vietnam : le moment de briser le silence »,
discours prononcé à New York le 4 avril 1967.

Un extrait

En un siècle, nous avons repoussé de plusieurs décennies notre espérance de vie, éradiqué des maladies qui avaient pourtant décimé des millions de personnes. Notre espèce s'est multipliée. Enfin en sécurité, capable de contrôler ses naissances, de faire survivre ses bébés, de maintenir ses vieux, de guérir ses malades, le nombre de ses individus a doublé, triplé en moins d'un siècle, envahissant chaque recoin du globe, repoussant les frontières de la nature sauvage.

Demain, nous promettent les prophètes[4] du numérique et du transhumanisme[5], nous pourrons doubler nos capacités cognitives[6], adjoignant des puces, des disques durs à nos cerveaux, réparer nos organes, empêcher nos corps de dépérir, nos cœurs de s'arrêter. Et nous aurons vaincu ce qui faisait de nous des hommes, nous égalerons les dieux.

Ainsi éclairé, notre présent aurait de quoi réjouir certains. Mais, en regard de cette impressionnante litanie[7] de progrès, une autre énumération aurait de quoi nous terrifier. Car ces incroyables avancées ne bénéficient pas à tous les êtres humains de la même façon. Dans le monde, un enfant meurt toutes les six secondes de la faim, toutes les sept secondes de ne pas avoir eu accès aux soins. Un humain sur neuf n'est pas assez nourri, un humain sur dix boit une eau si sale que nous ne laverions pas nos voitures avec, Cuba compte 672 médecins pour 100 000 habitants, l'Éthiopie n'en compte que 3... Sur le plan écologique, nous avons assisté à la disparition de la moitié des populations de vertébrés de la planète ces quarante dernières années, de 80 % des insectes volants d'Europe en trois décennies, il y aura bientôt plus de plastique que de poissons dans les océans, 2 400 arbres sont abattus chaque minute, les sécheresses, les inondations, les tornades, les territoires submergés augmentent, des millions de réfugiés sont déjà lancés sur les routes à la recherche d'un endroit où survivre, l'eau se raréfie, les sols s'érodent... [...]

On estime déjà à 65 millions le nombre de personnes déjà déplacées par les changements climatiques. Et ce nombre ne va faire que grimper. Le Haut

1. Citation introductive.
2. Attachement aux biens matériels et non spirituels.
3. Pasteur militant non violent. Assassiné en 1968 pour avoir défendu l'égalité sociale et politique des Afro-Américains.
4. Personnes qui prédisent l'avenir.
5. Doctrine visant l'amélioration des capacités humaines grâce à la science et à la technologie.
6. Acquisition des connaissances.
7. Répétition ennuyeuse.

Commissariat pour les réfugiés[8] et l'ONU[9] avançaient, il y a dix ans déjà, le chiffre de 250 millions en 2050. Imaginez les migrations que nous avons connues, issues de la guerre en Syrie, multipliées par 3, 5, 10. Comment la France, l'Espagne, l'Italie, l'Allemagne, la Grèce réagiraient-elles ? Que pourrait bien donner au pouvoir l'émergence de partis xénophobes[10], portés par le rejet de ces étrangers déferlant en masse dans nos contrées favorisées ?

Par ailleurs, les ressources naturelles s'amenuisant, il est à craindre que les États n'engagent une lutte sans merci pour leur contrôle : eau, pétrole, terres arables[11], minerais... [...]

Le 13 novembre 2017, 15364 scientifiques de 184 pays cosignaient un manifeste appelant les dirigeants et citoyens du monde à se réveiller : « Pour éviter une misère généralisée et une perte catastrophique de biodiversité, l'humanité doit adopter une alternative plus durable écologiquement que la pratique qui est la sienne aujourd'hui [...]. Il sera bientôt trop tard pour dévier de notre trajectoire vouée à l'échec. » [...]

Une multitude d'autres calendriers sont avancés chaque année et on pourra toujours objecter que la plupart des prédictions sur le futur se sont révélées fausses, que des ruptures technologiques pourraient intervenir et bouleverser la donne... Mais la simple prudence inviterait tout de même à considérer que, quel que soit le calendrier, nous avons déjà trop tardé.

Il est temps d'agir.

Cyril Dion, ***Petit manuel de résistance contemporaine***, **© Actes Sud, 2018.**

8. HCR : institution créée en 1951, pour coordonner l'action internationale de protection et d'assistance aux réfugiés.
9. Organisation des Nations unies : institution internationale créée en 1945, regroupant aujourd'hui 193 États.
10. Hostiles aux étrangers.
11. Cultivables.

Regardez la bande-annonce.

vidéo
***Demain*, film de Cyril Dion et Mélanie Laurent, 2015.**
foucherconnect.fr/21f05

Affiche du film *Demain*, réalisé par Cyril Dion et Mélanie Laurent, 2015.

Au fil de la lecture

1. Pourquoi Cyril Dion commence-t-il son essai par une citation de Martin Luther King ?

2. LEXIQUE Expliquez les termes entre tirets de la citation. Trouvez leurs antonymes et déduisez-en les valeurs que l'auteur défend.

3. En quoi la couverture du livre et l'extrait montrent-ils que cet essai est « engagé » ?

4. Pourquoi l'essayiste accumule-t-il des exemples ? Identifiez leurs domaines.

5. Quel message essentiel veut-il faire passer ?

6. Regardez la bande-annonce du documentaire *Demain*. Quels liens établissez-vous avec l'extrait de l'essai ?

2 « Qu'est-ce qu'être humain ? » d'après Edgar Morin

Cet intellectuel a publié son essai Changeons de voie *à 99 ans, alors que la population mondiale subissait les conséquences sanitaires et économiques de la pandémie du coronavirus. Au premier chapitre, l'écrivain analyse philosophiquement les évolutions de l'humanité, avant de proposer dans la suite de l'ouvrage des solutions pour remédier aux difficultés actuelles.*

Edgar Morin (né en 1921)

Philosophe et sociologue, directeur de recherches émérite, récompensé par trente-huit doctorats *honoris causa*.

« Leçon sur la condition humaine »

Avant les années 1970 et le rapport Meadows[1] sur la dégradation de la biosphère[2] terrestre, l'homme croyait avoir dominé la nature. Avant les années 1980 et l'irruption du sida, la science pensait avoir éliminé virus et bactéries ; avant 2008[3], les économistes officiels assuraient que toute crise était exclue ; avant 2020, l'humanité avait relégué les grandes épidémies au Moyen Âge.

Notre fragilité était oubliée, notre précarité[4] était occultée. Le mythe occidental de l'homme dont le destin est de devenir « comme maître et possesseur de la Nature[5] » s'est effondré devant un virus[6]. Ce mythe était déjà touché en son cœur par la conscience écologique, qui a su démontrer depuis quelques décennies que plus nous devenons maîtres de la biosphère, plus nous en devenons dépendants ; plus nous la dégradons, plus nous dégradons nos vies.

Pourtant la conviction que le progrès techno-économique constitue à lui seul le Progrès humain et que la libre concurrence et la croissance économique sont les conditions maîtresses du mieux-être social continue à conduire le monde occidental et suscite le délire euphorique du transhumanisme[7]. Celui-ci prédit que l'homme accédera à l'immortalité et contrôlera toute chose par l'intelligence artificielle[8]. Cette promesse porte au paroxysme le mythe de la nécessité historique du progrès et celui de la maîtrise par l'homme non seulement de la nature mais aussi de son destin.

Or l'extrême puissance de la technoscience n'abolit pas l'infirmité humaine devant la douleur et devant la mort. Si nous pouvons atténuer la douleur et retarder la mort par vieillissement, nous ne pourrons jamais éliminer les accidents mortels où nos corps seront écrabouillés ; nous ne pourrons jamais nous défaire des bactéries et des virus qui sans cesse s'automodifient pour résister aux remèdes, antibiotiques, antiviraux, vaccins. Nous sommes des joueurs/joués, des possédants/possédés, des puissants/débiles. […]

Et comment ne pas nous poser la question qui n'a aucune place dans nos programmes d'enseignement et qui concerne chacun d'entre nous : qu'est-ce qu'être humain ?

Edgar Morin, *Changeons de voie. Les leçons du coronavirus*, © Denoël, 2020.

Au fil de la lecture

7. Avant la pandémie, comment se représentait-on l'avenir selon le philosophe ?

8. LANGUE Relevez les connecteurs logiques et identifiez leur valeur. Reformulez le raisonnement de l'écrivain. En quoi est-il philosophique ?

9. Expliquez le titre de l'essai.

10. Que répondrait, selon vous, l'auteur à la question finale de l'extrait ? Et vous-même ?

1. Étude menée en 1972 sur les conséquences écologiques de la croissance économique.
2. Ensemble des organismes vivants et de leurs milieux de vie.
3. Crise financière mondiale née aux États-Unis.
4. Incertitude, instabilité.
5. Citation de René Descartes, philosophe français, dans le *Discours de la méthode* (1637).
6. Le coronavirus ou Covid-19.
7. Voir note 5, page 32.
8. IA. Théories et techniques pour réaliser des systèmes capables d'imiter l'intelligence humaine.

Quelques propositions concrètes

Conjuguer croissance et décroissance

La croissance qui doit se poursuivre est celle des besoins essentiels : les services publics dont la santé, l'éducation, les transports, les énergies vertes[1], l'agriculture fermière et agroécologique, la revitalisation des villages et terroirs, l'économie sociale et solidaire, la production des objets durables, les artisanats de réparation, et aussi la construction d'habitations pour mal-logés et sans-logis, les aménagements urbains d'humanisation dont les grand travaux de parking pour piétonniser les centres-villes.

La décroissance doit s'effectuer progressivement pour réduire l'économie du frivole et de l'illusoire, ramener la publicité à ses messages informatifs, diminuer la production et la mise en conserve de la nourriture industrialisée ainsi que les productions d'objets jetables et non réparables, réduire le trafic automobile, le transport routier (au profit du ferroutage[2]) et le trafic aérien, ce qui réduirait corrélativement les intoxications de pollution et les intoxications de consommation. [...]

Réduction des inégalités

Notre société vit de croissantes inégalités. Celles-ci peuvent être réduites par la taxation des spéculations boursières, la fiscalité augmentée des hauts revenus (si l'évasion fiscale est lourdement pénalisée), le recours à l'impôt sur la fortune ou sur le patrimoine, ainsi que la baisse de l'impôt sur les bas revenus. Les inégalités peuvent également être réduites par la revalorisation des métiers méprisés qui ont montré leur caractère essentiel pendant le confinement : éboueurs, manutentionnaires, infirmiers, caissiers, standardistes. Également par le rétablissement ou le renforcement des protections : maladie, accident, chômage. [...]

Politique de solidarité

Nous étions (et demeurons) également partisan d'un service civique de solidarité mobilisant pour un an la classe d'âge de dix-huit ans, voué à secourir non seulement les détresses personnelles ou de famille, mais aussi les victimes de désastres ou de catastrophes humaines ou naturelles, y compris dans les pays voisins européens et nord-africains.

En même temps, la nouvelle Voie favoriserait l'économie sociale et solidaire qui prolongerait sous de nouvelles formes l'économie mutualiste : [...] formation de coopératives et d'associations sans but lucratif[3] pour assurer des services sociaux de proximité.

Edgar Morin, *Changeons de voie. Les leçons du coronavirus*, © Denoël, 2020.

1. Énergies renouvelables naturellement : solaire, éolienne, hydraulique.
2. Transport associant le chemin de fer et la route.
3. Sans profit pécuniaire.

Au fil de la lecture

11. LEXIQUE Que signifie le mot « concret » ? En quoi cet extrait diffère-t-il du texte de la page précédente ?

12. LANGUE Identifiez et expliquez la valeur du mode verbal utilisé dans la dernière phrase. Pourquoi l'auteur l'emploie-t-il ?

13. Citez cinq mesures qui vous semblent, quant à vous, incontournables et discutez-en.

Jasper James, « Pensées vertes », montage photographique.

Écoutez le texte originel de Romain Gary

audio
« Lettre à l'éléphant », Romain Gary, mars 1968.
foucherconnect.fr/21f06

3 Les aspirations de Nicolas Hulot et Frédéric Lenoir

Quelques mois après le livre d'Edgar Morin, est sorti un autre essai, D'un monde à l'autre, *co-écrit par deux écologistes de renom. Au début de l'avant-propos, les auteurs extraient des citations d'une lettre du romancier Romain Gary adressée à un éléphant[1], puis ils exposent leurs espoirs pour le monde à venir.*

Nicolas Hulot (né en 1955)

Journaliste, animateur et producteur de télévision, écrivain. En 2017, il est nommé ministre de la Transition écologique et solidaire – poste qu'il quitte pour désaccord quinze mois plus tard.

Frédéric Lenoir (né en 1962)

Sociologue et écrivain. Docteur de l'École des Hautes Études en sciences sociales.

« Monsieur et cher éléphant,

« J'ai le sentiment que nos destins sont liés. Et pourtant l'on vous considère incompatible avec l'époque actuelle.

« Si le monde ne peut plus s'offrir le luxe de cette beauté naturelle, c'est qu'il ne tardera pas à succomber à sa propre laideur et qu'elle le détruira. Il n'est pas douteux que votre disparition signifiera le commencement d'un monde entièrement fait pour l'Homme. Mais laissez-moi vous dire ceci, mon vieil ami : dans un monde entièrement fait pour l'homme, il se pourrait bien qu'il n'y eût non plus place pour l'Homme.

« Vous êtes notre dernière innocence.

« C'est ainsi, Monsieur et cher éléphant, que nous nous trouvons, vous et moi, sur le même bateau, poussé par l'oubli par le même vent du rationalisme[2] absolu. Dans une société, vraiment matérialiste[3] et réaliste, poètes, écrivains, artistes, rêveurs et éléphants ne sont plus que des gêneurs. » […]

Tant que nous continuerons de penser et d'agir comme avant, rien ne sera possible, nous irons de catastrophe écologique en catastrophe écologique, de drame sanitaire en drame sanitaire et de crise sociale en crise sociale. Comme beaucoup, nous aspirons à un monde différent, à la fois humain et plus respectueux de la nature. Un monde fondé, non pas sur la force et la compétition, mais sur l'humilité[4] et la collaboration. Un monde plus équitable, plus fraternel, davantage relié à la Terre. Un monde où les grandes joies seraient plus désirées que les plaisirs éphémères. Un monde où les croyances religieuses et les origines culturelles ne seraient plus des obstacles entre les individus. Un monde où l'argent serait moins convoité que la chaleur d'une étreinte ou le partage d'un sourire. Un monde où les éléphants et les poètes auraient encore toute leur place.

Cet autre monde n'est pas une utopie. Mais il ne pourra advenir que par « une révolution globale de la conscience humaine », comme l'écrivait Vaclav Havel[5], laquelle bouleversera nos modes de vie.

Nicolas Hulot et Frédéric Lenoir,
D'un monde à l'autre. Le temps des consciences.

Au fil de la lecture

14. Dans quels buts, selon vous, les co-auteurs utilisent-ils cette lettre pour introduire leur essai ?

15. Présentez le monde auquel ces écrivains aspirent. À quelles valeurs êtes-vous particulièrement sensible ? Pourquoi ?

16. Ces auteurs affirment que « cet autre monde n'est pas une utopie ». Êtes-vous d'accord ?

1. L'écrivain Romain Gary, aviateur, avait atterri de force durant la Seconde Guerre mondiale en Éthiopie et s'était retrouvé face à un éléphant.
2. Ne se fiant qu'à la raison, au raisonnement.
3. Voir note 2, page 32.
4. Modestie.
5. 1936-2011. Dramaturge, essayiste et ancien président de la République tchèque et slovaque de 1989 à 1992.

LE POINT SUR Des essais engagés

Présenter le corpus

Dans un court paragraphe ou oralement, citez les sources des essais étudiés (auteurs, titres, dates de publication) et formulez leur thème commun.

Synthétiser

Répartissez-vous l'étude des axes d'interprétation du corpus et rendez-en compte ensuite oralement à l'ensemble de la classe.

La thèse commune aux extraits

1. Comment notre monde est-il qualifié ?
2. Quels risques encourt-il ?
3. Quel courant de pensée et mouvement politique illustre le groupement ?

Les visées philosophiques de leurs auteurs

4. Selon ces auteurs, en quoi le statut de l'être humain dans l'univers a-t-il changé ? Pourquoi ?
5. Quel type de progrès est rejeté ? Pourquoi ?
6. Quelles valeurs sont défendues ?

Leurs projets sociétaux

7. Que dénoncent ces écrivains socialement, économiquement, politiquement ?
8. Quelles mesures proposent-ils pour y remédier ?

Le genre de l'essai et son écriture

9. Présentez les caractéristiques formelles de ce genre d'écrit et illustrez-les par des exemples du groupement.
10. En quoi ces extraits sont-ils des argumentations dont le but est d'expliquer, convaincre et persuader ?

Conclure

En une quinzaine de lignes, montrez **comment ces essayistes nous aident à penser les mutations de notre monde**.
Aidez-vous de la synthèse du corpus et des notions ci-contre.

Notions-clés

L'énonciation des essais

- **Les auteurs** : des personnalités reconnues.
- Utilisation privilégiée du « **nous** » plutôt que du « je » : les auteurs parlent au nom de la communauté de pensée et d'action du groupe auquel ils appartiennent.

Les contenus des essais

- **Sujets divers** qui déterminent leur **catégorie** : sciences et techniques, politique, éducation, psychologie, économie, philosophie...
- Textes portant souvent sur des **questions en débat** pour lesquelles leurs auteurs **s'engagent**.

Le type de texte dominant

- Un essai est un texte principalement **argumentatif**.
- Sur un **thème donné**, l'auteur soutient une **thèse**. Il l'**explique** et **convainc** ses lecteurs par des **arguments d'autorité** (citations d'experts, chiffres, etc.).
- Il **persuade** aussi par des **récits** et **anecdotes** plus personnels.

Les visées

- **Inciter** les lecteurs à **réfléchir** sur le thème et la thèse défendue.
- **Participer** ainsi au **débat** parfois controversé sur le sujet traité.
- **Faire agir** son public pour mettre en œuvre ce qui est soutenu et argumenté de manière raisonnée.

Vers le BAC PRO

Constituez votre lexique spécialisé sur les sujets en tension qui nourrissent actuellement notre réflexion et nos actions sur le monde d'aujourd'hui. Aidez-vous des notes du groupement. Votre lexique peut être rédigé à plusieurs mains.

En écho

De l'intelligence artificielle au transhumanisme

Quels effets pour notre vie présente et future ?

Doc 1

Des exemples d'utilisation de l'intelligence artificielle

Pour se déplacer sans conduire : la voiture autonome

La voiture autonome est équipée d'un système de pilotage automatique qui lui permet de circuler sans intervention humaine dans des conditions de circulation réelles. Une série de capteurs laser, de radars et de caméras identifient le marquage au sol, la signalisation, les bâtiments, les véhicules et les piétons afin que la voiture puisse se guider en respectant les règles de circulation et en évitant les obstacles.

Pour aider des personnes en situation de handicap : la prothèse bionique

La prothèse bionique a pour fonction de remplacer tout membre ou organe, d'un point de vue fonctionnel et esthétique. Elle se différencie de la prothèse passive par son procédé robotique qui permet d'agir en répondant aux intentions de la personne amputée. Ses mouvements sont commandés par des électrodes directement implantées dans le cerveau.

Pour vendre ou acheter : les chatbots transactionnels

Les chatbots, ou « agents conversationnels », sont des programmes capables de dialoguer avec un utilisateur en lui donnant l'impression de converser avec une personne réelle. Ils ont des applications commerciales en soutien client ou en télémarketing : intégrant des algorithmes évolués, ils sont capables de gérer des échanges complexes.

Les chatbots transactionnels automatisent et facilitent les prises de commandes par le biais de bibliothèques de questions/réponses. Ils peuvent être proposés sur des sites d'e-commerce ou sur Facebook Messenger.

1. Dans quels domaines sont utilisées les données de l'intelligence artificielle ? Qu'en concluez-vous ?

2. Pourquoi parle-t-on d'« intelligence artificielle » ?

3. En quoi l'IA se différencie-t-elle de la robotique ?

Gros plan

L'intelligence artificielle (IA)

L'intelligence artificielle est un système informatique complexe qui simule une ou plusieurs fonctions liées à l'intelligence humaine : le raisonnement, la planification et la créativité. L'ordinateur reçoit des données ou *data* (*big data* si elles sont innombrables) déjà préparées ou collectées *via* ses capteurs (une caméra, par exemple), puis il les analyse et réagit.

L'IA mobilise des algorithmes, c'est-à-dire des ensembles de règles opératoires pour résoudre un calcul. Elle se distingue de la robotique qui, elle, met en œuvre concrètement (robots-machines ou androïdes) les données de cette technoscience.

Doc 2

Le point de vue de deux scientifiques sur le transhumanisme

Le transhumanisme est un mouvement qui, en s'appuyant sur les progrès de la biologie et de l'intelligence artificielle, défend l'idée de transformer ou dépasser l'homme pour créer un post-humain, ou un transhumain, aux capacités supérieures à celles des êtres actuels. Différentes facultés physiques ou mentales et cognitives de l'être humain seraient concernées : il verra dans l'obscurité, ne connaîtra plus la fatigue et ne se cassera pas le col du fémur en glissant... Ses capacités intellectuelles seront décuplées et sa mémoire prodigieuse. Équipé d'un exosquelette[1] intelligent, doté de puces dans le cerveau, ce super-homme deviendra plus performant, plus créatif, plus empathique. Son cerveau s'il devient malade sera guéri ou au moins réparé efficacement. Le but ultime? Fusionner l'homme et l'ordinateur après l'avoir soustrait au vieillissement et à la mort. [...]

Tout cela n'est que fantasmes. Les avancées de la recherche en biologie et en médecine, en particulier dans le domaine du vieillissement, sont réelles mais actuellement insuffisantes pour nous faire vivre si longtemps. Le vieillissement est inéluctable même s'il y a des espoirs sérieux pour qu'il se déroule en meilleure santé, y compris pour la longévité cérébrale. [...] Pour longtemps encore, on soigne mais on ne guérit pas. Les progrès des cinquante dernières années permettent de bien mieux connaître le cerveau, mais ils n'ont entraîné que peu de retombées thérapeutiques. [...]

Face à ces allégations, il faut prendre un certain recul épistémologique[2] et être conscients de nos biais culturels si nous voulons faire le tri entre les effets d'annonces, les promesses démiurgiques[3] et la réalité des avancées scientifiques. Il ne s'agit pas de refuser d'emblée les implants intracérébraux, la thérapie génique[4], les prothèses bioniques ou la sélection des cellules souches, mais de rester vigilants quant au rôle systémique des usages qui en sera fait.

JEAN MARIANI ET DANIÈLE TRITSCH, lejournal.cnrs.fr, 18 janvier 2018.

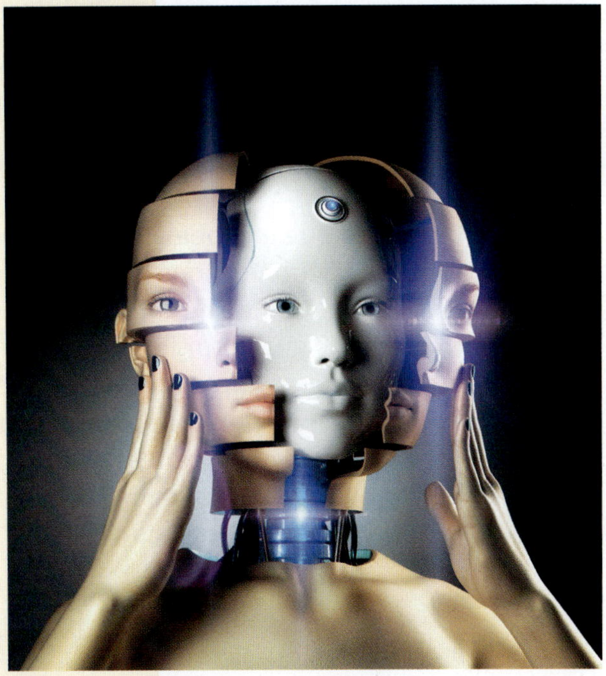

1. En robotique, équipement articulé et motorisé fixé sur le corps.
2. Qui respecte la connaissance scientifique.
3. Sur la création du monde.
4. Faire pénétrer des gènes dans les cellules ou les tissus d'un individu pour traiter une maladie.

4. Expliquez la formation du terme « transhumanisme ».
5. Proposez-en une définition avec vos propres mots.
6. Pourquoi le transhumanisme est-il encore un fantasme ?
7. Montrez cependant qu'à la fin de l'article, les auteurs expriment un jugement nuancé.

PASSERELLES

- Quels liens établissez-vous entre le corpus étudié dans la séquence et les documents de cette séance ?
- Les procédés de l'intelligence artificielle et les projets du transhumanisme vous font-ils rêver ou vous font-ils peur ? Pourquoi ? Vous pouvez aussi répondre de manière nuancée.
- Quelles œuvres littéraires et cinématographiques ont exploité l'univers du transhumanisme ? Citez des titres et dites si vous avez ou non aimé ces créations.

Présenter et débattre
des usages du numérique

VOTRE SUJET

Le numérique englobe à la fois l'informatique, les télécommunications (radio, télévision, téléphone, ordinateur) et Internet.
Documentez-vous sur les usages du numérique dans votre vie quotidienne en exploitant les exemples ci-dessous ou en vous appuyant sur d'autres exemples de votre choix.
Avec l'aide de votre professeur(e), vous présenterez ces innovations techniques objectivement, puis vous débattrez de leurs avantages et inconvénients possibles.

Pour vous aider

- Utilisez les supports de la séquence et la séance sur le lexique des sciences et des techniques (p. 62).
- Faites des recherches sur Internet en n'oubliant pas de prendre des notes sur vos sources et leur contenu.

Des exemples d'utilisation du numérique

Apprendre à distance
La e-éducation

Acheter en ligne
Le e-commerce

Jouer seul(e) ou à plusieurs
Les jeux vidéo, les *serious games*...

Se déplacer et voyager
La géolocalisation

Pour réussir ●●●

vos présentations et votre débat sur le numérique

RÉPARTISSEZ-VOUS LES THÈMES

- Par groupes de 3, 4 ou 5, selon l'effectif de votre classe, **choisissez** un des **thèmes** ci-contre ou un autre sujet.

DOCUMENTEZ-VOUS

- **Informez-vous** sur le sujet choisi : une recherche sur Internet s'impose !
- **Cherchez** les mots-clés pertinents.
- **Sélectionnez** un ou deux articles utiles.
- **Notez** sur une fiche les caractéristiques des exemples retenus, sans oublier les sources des documents.
- **Listez** aussi les avantages et risques possibles que vous exploiterez durant le débat. Appuyez-vous surtout sur des arguments d'autorité (chiffres, analyses, citations).

PRÉSENTEZ VOTRE THÈME

- **Caractérisez** par un exposé de 5 minutes environ l'usage du numérique que vous avez choisi. Soyez objectif !
- **Créez** éventuellement un court diaporama.

ENGAGEZ-VOUS DANS LE DÉBAT

- Après les exposés, **échangez** collectivement pour montrer les avantages mais aussi les risques que certaines innovations peuvent entraîner.
- Par exemple, **débattez** autour de ces questions :
  – Apprend-on aussi bien à distance qu'en présentiel ?
  – Les produits achetés en ligne correspondent-ils toujours à nos attentes ?
  – Certains jeux en ligne ne sont-ils pas addictifs ? Comment gérer leurs effets sur les apprentissages ?
  – La géolocalisation ne peut-elle pas réduire nos libertés individuelles ?

QUELQUES CONSEILS POUR L'ORAL

- **Parlez lentement** et d'une voix audible et posée.
- **Utilisez un lexique spécialisé** sur le sujet traité.
- **Écoutez-vous** les uns et les autres. Ne coupez pas la parole de vos camarades !
- **Reformulez** certains propos pour être sûr(e) d'avoir bien compris.

Séquence 4

Un conte humaniste

La Plus Précieuse des marchandises, Jean-Claude Grumberg

Quelle leçon d'espoir et d'humanité nous donne le conteur ?

LECTURE INTÉGRALE

1 L'auteur et son œuvre

« Je voulais raconter que dans toutes les situations inhumaines, l'humain vit encore, et que la moindre étincelle peut faire repartir quelque chose. La vie continuait, y compris dans les camps. […] Le conte est le meilleur moyen de parler de ce qui est difficile à croire et à imaginer. Pour les fils de déportés, l'imagination est un grand danger. La précision historique aussi. […] J'ai écrit un conte pour enfants mais qui est insupportable pour les enfants, donc il est à lire avec les parents ; je pense que tous les contes sont atroces. Le conte saisit l'Histoire sans en faire une histoire savante mais une histoire populaire. »

Extrait d'une interview de Jean-Claude Grumberg, émission *Une saison au théâtre*, « Un conte qui compte ». Radio France / France Culture, Joëlle Gayot, 10 mars 2019.

Jean-Claude Grumberg (né en 1939)

Écrivain français reconnu, il a d'abord été tailleur, puis acteur avant de devenir un auteur majeur du théâtre contemporain. Ses pièces de théâtre pour les adultes et pour la jeunesse sont très souvent jouées. Il écrit aussi des scénarios et des contes. Sa vie et son œuvre sont très marquées par la déportation de son père et de ses grands-parents à Auschwitz en 1943.

Écoutez une interview de l'auteur.

audio
« Jean-Claude Grumberg, un conte qui compte », France Culture.
foucherconnect.fr/21f07

Lecture découverte

1. Observez la première de couverture du livre et expliquez le lien entre le titre et l'illustration.
2. À partir de la biographie et l'extrait d'interview de Jean-Claude Grumberg, indiquez l'événement historique déterminant dans la vie de l'auteur.
3. Expliquez pourquoi l'auteur a choisi le genre littéraire du conte.

▶ **Pour aller plus loin**

Écoutez Jean-Claude Grumberg dans l'entretien radiophonique et notez les idées essentielles.

2 Votre questionnaire de lecture intégrale

Les personnages

- Comptez le nombre de personnages et nommez-les.
- Qui est, selon vous, le personnage principal ? Plusieurs réponses sont possibles. Justifiez votre choix.
- Que recherche chaque personnage important ? Qui évolue au fil de l'histoire ?

L'intrigue

- Résumez les principales étapes de l'histoire. Vous pouvez vous inspirer du schéma narratif fréquemment utilisé pour les contes : situation de départ, complication, péripéties, résolution, situation finale.
- Retracez les grandes étapes de l'itinéraire du père.

Affiche de la mise en scène de Charles Tordjman au Théâtre du Rond-Point, 2020.

Les époques et les lieux

- Sur combien d'années approximativement se déroule l'intrigue ?
- Les époques auxquelles il est fait référence sont-elles imaginaires ou réelles ? Donnez des exemples.
- Quels sont les différents lieux dans lesquels se déroule l'histoire ?

La fin du conte

- Comment se conclut le parcours des personnages principaux ?
- La fin est-elle heureuse ou tragique ?
- Ce dénouement est-il ouvert ou fermé ? Définissez ces termes et justifiez votre choix.

Lecture découverte

4. Lisez l'intégralité du conte et répondez seul(e) ou en groupe aux questions ci-dessus.

3 Presque comme un conte : l'ouverture du récit

Écoutez le texte lu.

audio
foucherconnect.fr/21f08

Il était une fois, dans un grand bois, une pauvre bûcheronne et un pauvre bûcheron.

Non non non non, rassurez-vous, ce n'est pas *Le Petit Poucet* ! Pas du tout. Moi-même, tout comme vous, je déteste cette histoire ridicule. Où et quand a-t-on vu des parents abandonner leurs enfants faute de pouvoir les nourrir ? Allons…

Dans ce grand bois donc, régnaient grande faim et grand froid. Surtout en hiver. En été une chaleur accablante s'abattait sur ce bois et chassait le grand froid. La faim, elle, par contre, était constante, surtout en ces temps où sévissait, autour de ce bois, la guerre mondiale.

La guerre mondiale, oui oui oui oui oui.

Pauvre bûcheron, requis à des travaux d'intérêt public – au seul bénéfice des vainqueurs occupant villes, villages, champs et forêts –, c'était donc pauvre bûcheronne qui, de l'aube au crépuscule, arpentait son bois dans l'espoir souvent déçu de pourvoir aux besoins de son maigre foyer.

Fort heureusement – à quelque chose malheur est bon – pauvre bûcheron et pauvre bûcheronne n'avaient pas, eux, d'enfants à nourrir.

Le pauvre bûcheron remerciait le ciel tous les jours de cette grâce. Pauvre bûcheronne s'en lamentait, elle, en secret.

Elle n'avait pas d'enfant à nourrir certes, mais pas non plus d'enfant à chérir.

Elle priait donc le ciel, les dieux, le vent, la pluie, les arbres, le soleil même quand ses rayons perçaient le feuillage illuminant son sous-bois d'une transparence féerique. Elle suppliait ainsi toutes les puissances du ciel et de la nature de bien vouloir lui accorder enfin la grâce de la venue d'un enfant.

Peu à peu, l'âge venant, elle comprit que les puissances célestes[1], terrestres et féeriques s'étaient toutes liguées avec son bûcheron de mari pour la priver d'enfant.

Jean-Claude Grumberg,
La Plus Précieuse des marchandises,
« La librairie du XXIe siècle »,
© Éditions du Seuil, 2019,
Points, 2020, chapitre 1.

1. Venant du ciel.

Pyke Koch (1901-1991), *L'Hiver*, série *Les quatre saisons*, 1951. Collection particulière.

Lecture découverte

5. Résumez en une phrase le début du conte écrit par Jean-Claude Grumberg.

6. Quels sont les éléments caractéristiques du conte ?

7. Pourquoi ce conte n'est-il pourtant pas un conte traditionnel ? Justifiez.

▶ Pour aller plus loin

• Relisez la fin du chapitre 1 et expliquez pourquoi le mot « marchandises » semble si important à la pauvre bûcheronne.

• Au début du chapitre 6, comment l'auteur joue-t-il avec un topos (un thème habituel, récurrent) du conte ?

4 L'intrusion de la réalité historique

Écoutez le texte lu.
audio
foucherconnect.fr/21f09

Dès qu'il découvrit ce wagon de marchandises – wagon à bestiaux vu la paille au sol –, il sut que leur chance était derrière eux. Jusque-là, de Pithiviers[1] à Drancy, ils avaient eu la chance au moins de ne pas être séparés. Ils avaient vu, hélas, tous les autres, les malchanceux, partir les uns après les autres pour on ne sait où, et eux étaient restés ensemble. Ils devaient, pensait-il, cette grâce à la présence de ses jumeaux chéris, Henri et Rose, Hershele et Rouhrele[2].

« Dans les wagons, encagés et verrouillés », dessin de George Horan, 1945. Mémorial de la Shoah.

En vérité, les jumeaux s'étaient d'abord manifestés au pire instant, au printemps 1942. Était-ce le moment de mettre au monde un enfant juif ? Pire, deux enfants juifs d'un coup ? Fallait-il les laisser naître ainsi sous une bonne étoile jaune ? Pourtant, grâce à eux, il en était sûr, ils avaient passé Noël 42 au camp de Drancy ensemble, toujours.

Et même leur bonne étoile et l'administration juive du camp lui avaient trouvé un emploi ! Il venait presque de terminer ses études de médecine – spécialité chirurgie yeux nez gorge oreilles – mais à Drancy, lui avait-on dit, il y avait beaucoup de médecins, beaucoup de malades aussi c'est vrai – partout où il y a des juifs, il y a beaucoup de médecins et encore plus de malades –, mais comme deux de leurs coiffeurs venaient de partir… Coiffeur ? Va pour coiffeur.

Il était inutile de couper les cheveux en quatre et de chercher à comprendre, il n'y avait plus rien à comprendre. […]

Que faire ? Que faire, se demandait l'ex-faux coiffeur. Jusque-là il avait cru remplir son rôle de père à la perfection malgré toutes les difficultés. Malgré les obstacles, il avait su protéger ses jumeaux. […] Il se sentait démuni, dépassé, il ne savait plus que faire. Il ne pouvait rester ainsi, il se devait de reprendre son rôle, il lui fallait trouver une solution. Déjà deux jours de voyage. L'odeur, l'odeur insoutenable. Le seau sur la paille dans un coin et la honte, la honte partagée, la honte voulue, prévue par ceux qui les expédiaient on ne sait où.

Les réduire à rien d'abord, puis à moins que rien, ne rien laisser d'humain en eux, soit. Mais il se devait pour ses enfants, qu'il voyait mordre tour à tour les seins de son épouse sans que rien n'en sorte, il se devait de trouver une solution.

Jean-Claude Grumberg, *La Plus Précieuse des marchandises*, « La librairie du XXIe siècle », © Éditions du Seuil, 2019, Points, 2020, chapitre 2.

1. Camps d'internement pendant la Seconde Guerre mondiale.
2. Prénoms des jumeaux en yiddish.

Lecture découverte

8. LANGUE Qui représentent les pronoms « il » et « ils » dans le premier paragraphe ? Pourquoi les personnages ne sont-ils pas nommés ?

9. Dans quel contexte historique se déroule la scène ? Relevez différents éléments.

10. De la ligne 20 à 26, comment l'auteur parvient-il malgré tout à faire sourire le lecteur ?

▶ Pour aller plus loin

Les chapitres 2, 5, 7, 12, 17 à 20 suivent le destin du père. Individuellement ou en groupes, notez les références au contexte historique.

5 Les figures symboliques des personnages

La pauvre bûcheronne

« Elle se sent devenue mère, à la fois heureuse et mortellement inquiète. Comblée mais dépassée. La voilà mère, et mère sans lait. » *(p. 28)*

« Elle dort notre pauvre bûcheronne, elle dort, son bébé bien serré dans ses bras, elle repose du sommeil des justes, elle dort là-haut, bien plus haut que le paradis des pauvres bûcherons et des pauvres bûcheronnes, bien plus haut encore que l'Éden[1] des heureux de ce monde, elle dort tout là-haut, dans le jardin réservé aux dieux et aux mères. » *(p. 31)*

→ *Voir aussi p. 44-45, 76-78, 90-91.*

1. Lieu où la Bible situe le paradis terrestre.

Le pauvre bûcheron

« Je ne veux ni voir ni entendre ce suppôt du diable ! Cette sans-cœur de malheur ! Fais-la taire ou par le ciel je te la saisis et te la jette aux pourceaux[2] ! » *(p. 54)*

« Le lendemain, où il posât sa main, ce fut le cœur de la petite marchandise qu'il sentit battre sous sa paume. Désormais, dans le secret de son cœur noyé dans une douceur inconnue, il nommait lui aussi la petite sans-cœur sa petite marchandise à lui. » *(p. 59)*

→ *Voir aussi p. 65-66, 70-71, 73-75.*

2. Cochons.

La petite marchandise

« Les jours, les mois passèrent, et petite marchandise, un de ces jours plus heureux que d'autres, se tint soudain bien droite et fit ses premiers pas. [...] Un de ces jours, encore plus beau, la petite fonça sur pauvre bûcheron, bras tendus, en criant : "Papa ! Papa !" dans cette langue bizarre qu'on parlait dans ce pays lointain. Papa se disait *papouch*, maman *mamouch*. » *(p. 70-71)*

→ *Voir aussi p. 27, 51, 81.*

L'homme des bois à la chèvre et à la gueule cassée

« Un être que certains disent maléfique, tandis que d'autres le nomment l'ami des bêtes et l'ennemi des hommes. Elle-même l'a entraperçu certains jours alors qu'elle fagotait[3] à la lisière de cette forêt où il semble régner en maître absolu et solitaire. » *(p. 43)*

→ *Voir aussi p. 45-51, 78-81, 89-91.*

3. Mettait du bois en fagots.

Les miliciens

« Ce matin-là, peu avant l'aube, le camarade au chapeau de taupe, accompagné de deux miliciens encombrés de fusils datant d'une précédente guerre mondiale, [...] tous trois donc vinrent prendre livraison de la petite marchandise. » *(p. 73)*

→ *Voir aussi p. 67, 72, 73-75.*

Jean-Claude Grumberg,
La Plus Précieuse des marchandises,

Lecture découverte

11. Dans un récit, que représente une figure symbolique ? Caractérisez chacune de ces figures symboliques en vous aidant des encadrés.

▶ Pour aller plus loin

- Approfondissez votre lecture en vous référant aux pages mentionnées à la fin de chaque cadre. Vous pouvez vous répartir les recherches.
- À partir des chapitres 2, 5 et 12, dressez le portrait de la famille (le père, la mère, les jumeaux).

6 Tout est bien qui finit bien ?

Écoutez le texte lu.

audio
foucherconnect.fr/21f10

Partout la fête battait son plein. La guerre était finie pour tout le monde, sauf pour lui et les siens.

Les chants, les drapeaux, les discours, les pétards même, toute cette folie, toute cette joie lui rappelaient qu'il était seul, qu'il serait seul à jamais, seul à respecter le deuil, à porter le deuil de l'humanité, le deuil de tous les massacrés, le deuil de son épouse, de ses enfants, de ses parents à lui, de ses parents à elle. Il traversait les villes et les villages, tel un spectre, témoin des libations[1], de la liesse[2], des saluts, des serments : plus jamais ça, plus jamais.

Il ne savait pas ce qu'il cherchait au juste. Il marchait. Sa tête lui tournait et il se rappela qu'il avait faim. Il avait faim malgré tout. Sur une petite table il vit des fromages, des tout petits fromages, il eut soudain envie de fromage. Ces fromages minuscules s'étalaient sur une nappe bizarre qui ne convenait pas aux fromages exposés, une nappe qui semblait tissée de fils d'or et d'argent. Il posa une main sur la nappe avec quelques pièces de monnaie et soudain, soudain, il comprit. Il leva alors les yeux sur la femme, pas si vieille, assise derrière la petite table couverte de cette nappe bizarre. La femme avait une enfant sur ses genoux. Toutes deux lui souriaient et semblaient l'encourager à choisir un des fromages. […]

Il ne comprit pas tout mais il comprit l'essentiel. Sa fille, c'était sa fille, sa fille jetée du train, sa fille vouée aux fours, sa fille qu'il avait sauvée.

Un cri, un cri terrible, un cri de joie, de peine, de victoire, un cri se forma dans sa poitrine, mais rien, rien ne sortit de sa bouche. Il se saisit d'un fromage, fixant toujours la fillette, sa fille. Elle vivait, elle vivait, elle était heureuse, elle souriait. Il esquissa lui-même un sourire, puis, tendit une main tremblante vers la joue de la fillette pour caresser cette joue tentante. La fillette se saisit alors de sa main et la porta à ses lèvres avant d'éclater de rire. Il retira sa main précipitamment.

Au bord du malaise il se retira, toujours regardant la vieille, la chèvre, et sa petite fille qu'il venait de remettre au monde. […] Pourquoi se faire connaître ? Pourquoi rompre l'équilibre ? Qu'avait-il à apporter à sa propre fille ? Rien, moins que rien. Il fit encore quelques pas, s'arrêtant encore. Peut-être fallait-il malgré tout… peut-être devait-il… puis il s'arracha au prix d'un effort surhumain chargé d'une joie et d'une tristesse mêlées. Il s'éloigna à grands pas.

Jean-Claude Grumberg, *La Plus Précieuse des marchandises*, « La librairie du XXIe siècle », © Éditions du Seuil, 2019, Points, 2020, chapitre 20.

Marc Chagall (1887-1985), *La Famille*, 1977. Collection particulière.

1. Consommations d'alcool, dans un cadre festif.
2. Joie, ferveur.

Lecture découverte

12. LANGUE De la ligne 1 à 13, montrez le contraste saisissant entre l'état d'esprit du père et l'ambiance environnante, en vous appuyant notamment sur les procédés d'écriture.

13. Résumez la scène en quelques phrases. Comment peut-on comprendre le choix du père ?

▶ Pour aller plus loin

D'après vous, ce dénouement correspond-il à la fin heureuse des contes merveilleux ?

7 Les visées du conte

Écoutez le texte lu.

audio foucherconnect.fr/21f11

Épilogue

Voilà, vous savez tout. Pardon ? Encore une question ? Vous voulez savoir si c'est une histoire vraie ? Une histoire vraie ? Bien sûr que non, pas du tout. Il n'y eut pas de trains de marchandises traversant les continents en guerre afin de livrer d'urgence leurs marchandises, ô combien périssables. Ni de camp de regroupement, d'internement, de concentration, ou même d'extermination. Ni de familles dispersées en fumée au terme de leur dernier voyage. Ni de cheveux tondus récupérés, emballés puis expédiés. Ni le feu, ni la cendre, ni les larmes. Rien, rien de tout cela n'est arrivé, rien de tout cela n'est vrai. [...]

La seule chose vraie, vraiment vraie, ou qui mérite de l'être dans cette histoire, car il faut bien qu'il y ait quelque chose de vrai dans une histoire sinon à quoi bon se décarcasser à la raconter, la seule chose vraie, vraiment vraie donc, c'est qu'une petite fille, qui n'existait pas, fut jetée de la lucarne d'un train de marchandises, par amour et par désespoir, [...] fut jetée dans la neige aux pieds d'une pauvre bûcheronne sans enfant à chérir, et que cette pauvre bûcheronne, qui n'existait pas, l'a ramassée, nourrie, chérie, et aimée plus que tout. Plus que sa vie même. Voilà.

Voilà la seule chose qui mérite d'exister dans les histoires comme dans la vraie vie. L'amour, l'amour offert aux enfants, aux siens comme à ceux des autres. L'amour qui fait que, malgré tout ce qui existe, et tout ce qui n'existe pas, l'amour qui fait que la vie continue.

Jean-Claude Grumberg, *La Plus Précieuse des marchandises*, « La librairie du XXIe siècle », © Éditions du Seuil, 2019, Points, 2020, épilogue.

Appendice pour amateurs d'histoires vraies

Le convoi numéro 45 partit de Drancy le 11 novembre 1942 avec à son bord sept cent soixante-dix-huit hommes, femmes et enfants, dont un grand nombre de vieillards et d'invalides, parmi lesquels figurait l'aveugle Naphtali Grumberg, grand-père de l'auteur.

Deux rescapés en 1945.

Le convoi 49 partit le 2 mars 1943 transportant un millier de juifs dont le père de l'auteur, Zacharie Grumberg, ainsi que Silvia Menkès, née le 4 mars 1942, gazée le 4 mars 1943, jour anniversaire de sa naissance.

En 1945 six survivants dont deux femmes.

Jean-Claude Grumberg, *La Plus Précieuse des marchandises*, « La librairie du XXIe siècle », © Éditions du Seuil, 2019, Points, 2020, appendice.

Lecture découverte

14. Comment peut-on interpréter l'épilogue du conte ? Quelle en est la morale ?

15. Recherchez la définition du terme « négationnisme ».

16. LANGUE Faites le lien avec les formes de phrase du premier paragraphe de l'épilogue.

▶ Pour aller plus loin

Que nous apprend l'appendice ? Pourquoi l'auteur l'ajoute-t-il en apparente contradiction avec l'épilogue ?

LE POINT SUR *La Plus Précieuse des marchandises*, Jean-Claude Grumberg

Présenter l'œuvre intégrale

Indiquez le titre, l'auteur, la date de parution et le genre littéraire de l'œuvre intégrale.

Synthétiser

L'apparence d'un conte

1. Quels sont les différents éléments qui caractérisent le conte ?
2. Jean-Claude Grumberg est qualifié d'« auteur tragique le plus drôle de sa génération » (Claude Roy). En quoi cette citation peut-elle correspondre au ton décalé employé par l'auteur dans certains passages ?

La confrontation à la réalité historique

3. À quelle période historique précise se déroule une partie du récit ?
4. Quels sont les faits historiques décrits ? Étayez la réponse en relevant des éléments significatifs.

Comme un récit autobiographique et allégorique

5. Pourquoi peut-on dire que le conte a une dimension autobiographique ?
6. Comment comprenez-vous le titre du conte ? En quoi est-ce une allégorie ?

Des visées plurielles

7. Que cherche à dénoncer l'auteur à travers ce conte ?
8. Montrez que le conte offre une réflexion sur les valeurs humanistes et leur transmission.

Conclure

Dans un texte organisé d'une vingtaine de lignes, expliquez **quelle leçon d'espoir et d'humanité est donnée par ce conte**.

Notions-clés

Conte

- **Définition** : récit généralement bref et relatant des faits imaginaires.
- **Caractéristiques** : repères de temps et de lieux imprécis ; personnages stéréotypés ; simplicité de l'intrigue ; fin heureuse.
- **Différents types de conte** : merveilleux, philosophique, fantastique.

Historicité et universalité

- L'**historicité** est le caractère de ce qui est historique, de ce qui est attesté par l'histoire. Ce concept signifie qu'un événement a **vraiment eu lieu** et qu'il ne s'inscrit pas dans une tradition légendaire.
- L'**universalité** relève de ce qui est commun à l'ensemble des groupes humains, indépendamment des lieux et du temps.

Transmission et mémoire

- **Transmettre la mémoire** d'événements historiques est un enjeu essentiel.
- Le conte, qui peut avoir une portée universelle, est un **moyen de transmission aux générations futures**.

Vers le BAC PRO

Rédigez une critique littéraire de *La Plus Précieuse des marchandises* afin de faire découvrir cette œuvre et de donner envie à d'autres personnes de la lire.

En écho — Les nouveaux visages de l'engagement

Comment et pourquoi sont-ils entrés en résistance ?

Doc. 1 Une « capitaine courage »

Dans son premier livre, *Il est temps d'agir*, la militante allemande, qui fut jusqu'en 2019 à la barre du *Sea-Watch 3*, souligne la nature inéquitable et écocide[1] de notre système et l'urgence d'en sortir.

« Si tu veux des pommes dans ton jardin, plante un pommier. Rien ne se passera si tu ne fais qu'espérer qu'un jour le vent porte une graine jusque chez toi. » C'est simple et évident. Sans appel. Si plusieurs dizaines de personnes souffrent et menacent de se jeter à l'eau à bord du bateau dont tu es capitaine, tu accostes au plus vite. Tu n'attends pas qu'on t'en donne ou non l'autorisation. C'est simple et sans appel. C'est ainsi que Carola Rackete pense également l'action politique contemporaine : « Agissons au lieu d'espérer. »

En juin 2019, les médias du monde entier l'ont baptisée « capitaine courage » ou « Antigone[2] du XXIe siècle ». À la barre du bateau de sauvetage *Sea-Watch 3*, elle venait de braver l'interdiction qui lui était faite d'entrer dans le port de Lampedusa[3]. Un véritable acte de résistance aux politiques xénophobes[4] du ministre de l'Intérieur italien de l'époque et leader de l'extrême droite, Matteo Salvini.

Émilien Urbach, *L'Humanité*, « Carola Rackete, capitaine courage prend la plume », 17 septembre 2020.

© Éditions de l'Iconoclaste.

1. Qui porte atteinte à l'environnement et entraîne des dommages majeurs à un ou plusieurs écosystèmes.
2. Personnage mythologique symbolisant la résistance aux lois établies.
3. Petite île italienne.
4. Hostiles aux étrangers.

1. Présentez et caractérisez l'action de Carola Rackete.

Doc. 2 Son engagement

Il ne faut pas tirer les enseignements des seules sciences naturelles, mais aussi des sciences sociales afin de comprendre comment, dans l'histoire, les sociétés sont parvenues à évoluer.

Nous connaissons maintenant l'impact immense du mouvement des droits civiques, par exemple, aux États-Unis, des mouvements pour les droits des femmes, qui ont vraiment réussi à transformer les sociétés. Et c'est, je pense, la seule manière de parvenir à changer notre système.

Extrait d'interview de Carola Rackete, Radio France/France Inter, Louise Bodet, 18 septembre 2020.

2. Selon Carola Rackete, qu'est-ce qui peut contribuer à faire évoluer les sociétés ?

Gros plan — La désobéissance civile

- **Origine :** concept du philosophe américain Henry David Thoreau qu'il a forgé en 1849 après avoir passé une nuit en prison pour avoir refusé de payer un impôt.
- **Définition :** refus non violent, volontaire, collectif et public, de se conformer à une loi.
- **Exemples de personnes ayant mené des actes de désobéissance civile au XXe siècle :**
  – Gandhi (pour l'indépendance de l'Inde) ;
  – Martin Luther King (pour les droits civiques des Noirs) ;
  – les Résistants pendant la Seconde Guerre mondiale (contre l'occupation nazie).

Doc. 3 Un destin inattendu

J'étais perché sur ma montagne, avec mes poules et mes oliviers, quand le monde est subitement venu à moi. Des ombres remontaient à pied ma vallée de la Roya, entre l'Italie et la France, risquant leur vie. Au début, je détournais le regard. Puis, un jour, j'ai recueilli une famille, et ces ombres sont peu à peu devenues ma lumière. Elles fuyaient la guerre, la misère, la dictature, avaient croisé la mort dans le désert en Libye, échappé à la noyade en Méditerranée. De leur pas si déterminé, elles me questionnaient : faut-il rejeter l'autre parce qu'il est différent ?

À partir de 2016, j'ai accueilli des milliers d'exilés. J'ai aidé ces voyageurs de l'ombre à poursuivre leur chemin et à obtenir des droits, mais je n'avais pas anticipé la violence d'État qui me frapperait en représailles. Notre action ne faisait pourtant que pallier ses renoncements. J'ai subi des gardes à vue, des procès, des perquisitions, des saisies. Le plus souvent, l'État était en tort et fut condamné. Des centaines de fois. Jusqu'à ce que le Conseil constitutionnel consacre le principe de fraternité, un progrès capital.

Ces années ont changé ma vie. Citoyen lambda éloigné du militantisme, je ne suis pas un héros, juste un Herrou têtu et décidé, sans leçons à donner, à part celle-ci : avant de changer le monde, chaque citoyen a le pouvoir de changer le sien.

Cédric Herrou, présentation de son livre *Change ton monde*, © Éditions Les liens qui libèrent, 2020.

3. Quelles sont les actions menées par Cédric Herrou ?

Doc. 4 Une avancée juridique majeure

Cédric Herrou, symbole de l'aide aux migrants, a été «renvoyé de toutes les poursuites» à son encontre, mercredi 13 mai, par la cour d'appel, qui le rejugeait après la consécration du «principe de fraternité» par le Conseil constitutionnel. [...] «C'est le triomphe de la raison et du droit», s'est félicitée Me Sabrina Goldman, l'une des conseils du prévenu : «Pourquoi s'acharner sur quelqu'un qui n'a fait qu'aider? Comment considérer ce qu'il a fait autrement qu'une action humanitaire?»

AFP, 13 mai 2020.

4. Quelles sont les conséquences judiciaires de l'action de Cédric Herrou ?

Gros plan
Du délit de solidarité au principe de fraternité

- Le délit de solidarité réprime pénalement l'aide à l'entrée, à la circulation ou au séjour irréguliers des étrangers.
- Depuis la décision du 6 juillet 2018, le Conseil constitutionnel considère la fraternité comme un principe à valeur constitutionnelle, d'où « la liberté d'aider autrui dans un but humanitaire, sans considération de la régularité de son séjour sur le territoire national ».

PASSERELLES

- Que signifie l'engagement pour Carola Rackete et Cédric Herrou ?
- En quoi, dans le conte *La Plus Précieuse des marchandises*, le pauvre bûcheron et l'homme des bois se mettent-ils eux aussi hors la loi ?
- Que pensez-vous des actions menées par Carola Rackete et Cédric Herrou ? Argumentez votre réponse.

Démontrer
la nécessité de la solidarité et de l'altruisme

VOTRE SUJET

Dans le conte *La Plus Précieuse des marchandises* de Jean-Claude Grumberg et à travers vos lectures et vos expériences, vous avez pu apprécier l'importance des valeurs humanistes.
Dans un texte organisé, vous démontrez que les valeurs d'altruisme et de solidarité sont plus que jamais nécessaires.
Pour enrichir votre argumentation, vous pouvez exploiter les documents ci-dessous, d'autres textes du manuel ou des supports étudiés avec votre professeur(e).

Pour vous aider

- Consultez la mise au point ci-contre.
- Reportez-vous aux pages 102-103 pour la construction d'une démonstration nuancée.

Votre documentation

Les quatre piliers de la solidarité

Résumons-nous. Quand on prend en compte l'ensemble des liens de solidarité qui nous unissent aujourd'hui, quelques constats contre-intuitifs se dégagent.
Tout d'abord, la solidarité ne peut se résumer à une vertu morale : empathie, générosité, ou bienveillance. La solidarité sociale est présente dans nos sociétés sous différentes formes : l'État providence, les assurances et mutuelles, l'entraide entre proches, les associations et les actions humanitaires. Ces formes de solidarité reposent sur des ressources psychologiques et sociales diverses : les systèmes de protection sociale, les liens de proximité, les élans de générosité spontanée et les politiques publiques en temps de crise, etc. Au final quand on les combine, ces quatre piliers de la solidarité contribuent à créer un vaste filet protecteur pour la grande masse de la population.

Jean-François Dortier, *Sciences humaines*, n° 326, juin 2020.

Pour réussir

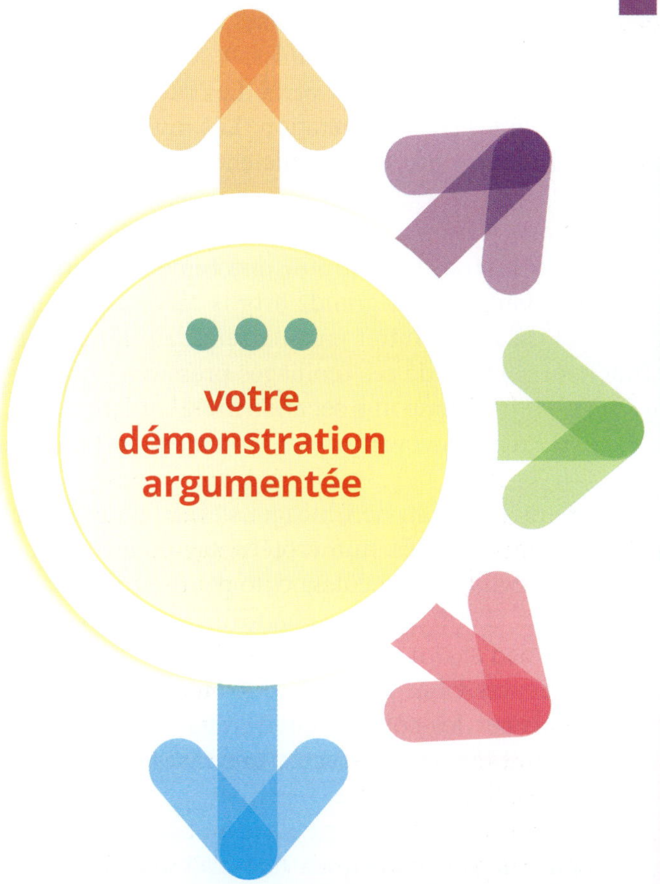

DÉFINISSEZ LE TYPE D'ÉCRIT ATTENDU

- La **démonstration** :
  - est un écrit argumentatif ;
  - vise à montrer, à prouver que quelque chose est vrai et fondé ;
  - nécessite un raisonnement rigoureux.

ANALYSEZ LES TERMES DU SUJET

- **Relevez** les mots-clés employés dans l'énoncé du sujet.
- **Recherchez** leur définition et **notez** des synonymes.

PRÉPAREZ AU BROUILLON VOTRE ARGUMENTAIRE

- **Reformulez** la thèse que vous allez défendre. *Il faut aujourd'hui…*
- **Listez** les arguments qui permettent de démontrer la thèse que vous soutenez. *Société solidaire = protection pour toute la population.*
- **Illustrez**-les avec des exemples précis. *Exemple : en France = le système de Sécurité sociale.*
- **Variez** les types d'arguments et d'exemples : ils peuvent être historiques, psychologiques, littéraires, ou encore liés aux expériences que vous avez vécues.

STRUCTUREZ VOTRE RÉDACTION

- Dans l'**introduction**, annoncez le thème et reformulez le sujet.
- Dans le **développement**, organisez vos arguments et leurs illustrations dans plusieurs paragraphes.
- Rédigez une brève **conclusion**.

UTILISEZ LES PROCÉDÉS ADÉQUATS

- Utilisez des **verbes d'opinion**. Attention aux modes verbaux qui les suivent. *Il faut qu'une solidarité s'impose. (→ subjonctif)*
- Employez des **connecteurs** variés et adaptés. *Tout d'abord, soutenir une société solidaire est nécessaire car elle offre une protection à tous. Ainsi, en France, la Sécurité sociale permet à chacun d'accéder aux soins dont il a besoin.*
- Adoptez une énonciation à la 3e **personne**. *Il est important que…*
- **Évitez** les répétitions en utilisant des synonymes.

« Wood'stown »

Une nouvelle fantastique d'Alphonse Daudet

Alphonse Daudet
(1840-1897)

Écrivain et auteur dramatique à succès de la fin du XIXe siècle, célèbre pour ses *Lettres de mon moulin*. Ce provincial, arrivé à Paris en 1857, est admis dans le groupe des écrivains naturalistes, aux côtés de Zola. Personnalité influente parmi les artistes de son temps, il a été l'un des huits premiers membres de l'Académie Goncourt en 1896.

Écoutez le texte lu.
audio
foucherconnect.fr/21f12

L'emplacement était superbe pour bâtir une ville. Il n'y avait qu'à déblayer les bords du fleuve, en abattant une partie de la forêt, de l'immense forêt vierge enracinée là depuis la naissance du monde. Alors abritée tout autour par des collines boisées, la ville descendrait jusqu'aux quais d'un port magnifique, établi dans l'embouchure de la Rivière-Rouge[1], à quatre milles[2] seulement de la mer.

Dès que le gouvernement de Washington eut accordé la concession[3], charpentiers et bûcherons se mirent à l'œuvre ; mais vous n'avez jamais vu une forêt pareille. Cramponnée au sol de toutes ses lianes, de toutes ses racines, quand on l'abattait par un bout elle repoussait d'un autre, se rajeunissait de ses blessures ; et chaque coup de hache faisait sortir des bourgeons verts. Les rues, les places de la ville à peine tracées étaient envahies par la végétation. Les murailles grandissaient moins vite que les arbres et, sitôt élevées, croulaient sous l'effort des racines toujours vivantes.

Pour venir à bout de cette résistance où s'émoussait le fer des cognées[4] et des haches, on fut obligé de recourir au feu. Jour et nuit une fumée étouffante emplit l'épaisseur des fourrés[5], pendant que les grands arbres au-dessus flambaient comme des cierges. La forêt essaya de lutter encore, retardant l'incendie avec des flots de sève et la fraîcheur sans air de ses feuillages pressés.

Enfin l'hiver arriva. La neige s'abattit comme une seconde mort sur les grands terrains pleins de troncs noircis, de racines consumées. Désormais on pouvait bâtir.

Bientôt une ville immense, toute en bois comme Chicago, s'étendit aux bords de la Rivière-Rouge, avec ses larges rues alignées, numérotées, rayonnant autour des places, sa Bourse, ses halles, ses églises, ses écoles, et tout un attirail maritime de hangars, de douanes, de docks, d'entrepôts, de chantiers de construction pour les navires. La ville de bois, Wood'stown – comme on l'appela –, fut vite peuplée par les essuyeurs de plâtres des villes neuves[6]. Une activité fiévreuse circula dans tous ses quartiers ; mais sur les collines environnantes, dominant les rues pleines de foule et le port encombré de vaisseaux, une masse sombre et menaçante s'étalait en demi-cercle. C'était la forêt qui regardait.

Elle regardait cette ville insolente qui lui avait pris sa place au bord du fleuve, et trois milles d'arbres gigantesques. Tout Wood'stown était fait avec sa vie à elle. Les hauts mâts qui se balançaient là-bas dans le port, ces toits innombrables abaissés l'un vers l'autre, jusqu'à la dernière cabane du faubourg le plus éloigné, elle avait tout fourni, même les instruments de travail, même les meubles, mesurant seulement ses services à la longueur de ses branches. Aussi quelle rancune terrible elle gardait contre cette ville de pillards !

Tant que l'hiver dura, on ne s'aperçut de rien. Les gens de Wood'stown entendaient parfois un craquement sourd dans leurs toitures, dans leurs meubles. De temps en temps, une muraille se fendait, un comptoir de magasin éclatait en

1. Cours d'eau américain.
2. Ancienne mesure.
3. Les droits d'exploitation.
4. Où s'usaient les lames des lourdes haches des colons.
5. Endroit épais et touffu d'un bois.
6. Ceux qui en subissent les désagréments.

deux bruyamment. Mais le bois neuf est sujet à ces accidents, et personne n'y attachait d'importance. Cependant, aux approches du printemps, – un printemps subit, violent, si riche de sèves qu'on en sentait sous terre comme un bruissement de sources, – le sol commença à s'agiter, soulevé par des forces invisibles et actives. Dans chaque maison, les meubles, les parois des murs se gonflèrent, et l'on vit sur les planchers de longues boursouflures comme au passage d'une taupe. Ni portes, ni fenêtres, rien ne marchait plus. – « C'est l'humidité, disaient les habitants. Avec la chaleur, cela passera. »

Tout à coup, au lendemain d'un grand orage venu de la mer, qui apportait l'été dans ses éclairs brûlants et sa pluie tiède, la ville en se réveillant eut un cri de stupeur. Les toits rouges des monuments publics, les clochers des églises, le plancher des maisons et jusqu'au bois des lits, tout était saupoudré d'une teinte verte, mince comme une moisissure, légère comme une dentelle. De près, c'était une quantité de bourgeons microscopiques, où l'enroulement des feuilles se voyait déjà. Cette bizarrerie des pluies amusa sans inquiéter ; mais, avant le soir, des bouquets de verdure s'épanouissaient partout sur les meubles, sur les murailles. Les branches poussaient à vue d'œil ; légèrement retenues dans la main, on les sentait grandir et se débattre comme des ailes.

Claude Thomas, *Zone rouge*, 2006. Photographie, collection privée.

Le jour suivant, tous les appartements avaient l'air de serres. Des lianes suivaient les rampes d'escalier. Dans les rues étroites, des branches se joignaient d'un toit à l'autre, mettant au-dessus de la ville bruyante l'ombre des avenues forestières. Cela devenait inquiétant. Pendant que les savants réunis délibéraient sur ce cas de végétation extraordinaire, la foule se pressait dehors pour voir les différents aspects du miracle. Les cris de surprise, la rumeur étonnée de tout ce peuple inactif donnaient de la solennité à cet étrange événement. Soudain quelqu'un cria : « Regardez donc la forêt ! » et l'on s'aperçut avec terreur que depuis deux jours le demi-cercle verdoyant s'était beaucoup rapproché. La forêt avait l'air de descendre vers la ville. Toute une avant-garde de ronces, de lianes s'allongeait jusqu'aux premières maisons des faubourgs.

Alors Wood'stown commença à comprendre et à avoir peur. Évidemment la forêt venait reconquérir sa place au bord du fleuve ; et ses arbres, abattus, dispersés, transformés, se déprisonnaient pour aller au-devant d'elle. Comment résister à l'invasion ? Avec le feu, on risquait d'embraser la ville entière. Et que pouvaient les haches contre cette sève sans cesse renaissante, ces racines monstrueuses attaquant le sol en dessous, ces milliers de graines volantes qui germaient en se brisant et faisaient pousser un arbre partout où elles tombaient ?

Pourtant tout le monde se mit bravement à l'œuvre avec des faux, des herses[7], des cognées ; et l'on fit un immense abattis[8] de feuillages. Mais en vain. D'heure en heure la confusion des forêts vierges, où l'entrelacement des lianes joint entre elles des pousses gigantesques, envahissait les rues de Wood'stown. Déjà les insectes, les reptiles faisaient irruption. Il y avait des nids dans tous les coins, et de grands coups d'ailes, et des masses de petits becs jaseurs. En une nuit les greniers de la ville furent épuisés par toutes les couvées écloses. Puis, comme une ironie au milieu de ce désastre, des papillons de toutes grandeurs, de toutes couleurs, volaient sur les grappes fleuries, et les abeilles prévoyantes qui cherchent des abris sûrs, au creux de ces arbres si vite poussés installaient leurs rayons de miel comme une preuve de durée.

Vaguement, dans la houle bruyante des feuillages, on entendait les coups sourds des cognées et des haches ; mais le quatrième jour tout travail fut reconnu impossible. L'herbe montait trop haute, trop épaisse. Des lianes grimpantes s'accrochaient aux bras des bûcherons, garrottaient[9] leurs mouvements. D'ailleurs les maisons étaient devenues inhabitables ; les meubles, chargés de feuilles, avaient perdu leurs formes. Les plafonds s'effondraient, percés par la lance des yuccas, la longue épine des acajous ; et à la place des toitures s'étalait le dôme immense des catalpas[10]. C'est fini. Il fallait fuir.

À travers le réseau de plantes et de branches qui se resserraient de plus en plus, les gens de Wood'stown épouvantés se précipitèrent vers le fleuve, emportant le plus qu'ils pouvaient de richesses, d'objets précieux. Mais que de peine pour gagner le bord de l'eau ! Il n'y avait plus de quais. Rien que des roseaux gigantesques. Les chantiers maritimes, où s'abritaient les bois de construction, avaient

7. Outils agricoles pour faucher l'herbe et briser les mottes d'un champ labouré.

8. Amas.

9. Gênaient, entravaient.

10. Le yucca est une plante à feuillage abondant, l'acajou est un arbre à bois dur rougeâtre et le catalpa un arbre décoratif à grandes feuilles.

The Jungle White House-War Room, 2016. © Chris Morin-Eitner

fait place à des forêts de sapins ; et dans le port tout en fleurs, les navires neufs semblaient des îlots de verdure. Heureusement qu'il se trouvait là quelques frégates blindées[11] sur lesquelles la foule se réfugia et d'où elle put voir la vieille forêt joindre victorieusement la forêt nouvelle.

Peu à peu les arbres confondirent leurs cimes, et, sous le ciel bleu plein de soleil, l'énorme masse de feuillage s'étendit des bords du fleuve à l'horizon lointain. Plus trace de ville, ni de toits, ni de murs. De temps en temps un bruit sourd d'écroulement, dernier écho de la ruine, ou le coup de hache d'un bûcheron enragé, retentissait sous la profondeur du feuillage. Puis plus rien que le silence vibrant, bruissant, bourdonnant, des nuées de papillons blancs tournoyant sur la rivière déserte, et là-bas, vers la haute mer, un navire qui s'enfuyait, trois grands arbres verts dressés au milieu de ses voiles, emportant les derniers émigrés de ce qui fut Wood'stown...

FIN

Alphonse Daudet, in *Le Bien public*, 27 mai 1873.

Enfant du peuple indigène Surui, en Amazonie brésilienne.

11. Bateaux de guerre.

Pistes de lecture

- Que provoque la rencontre entre l'homme et la forêt ?
- Comment leurs relations évoluent-elles ?
- Identifiez quelques procédés d'écriture avec lesquels l'auteur donne vie à la nature : images poétiques, énumération, hyperbole...
- Quels enjeux écologiques cette fable fantastique illustre-t-elle ? Appuyez-vous sur les illustrations et le court-métrage *Wrapped*.

Regardez une ville envahie par la nature.

vidéo

Wrapped, court-métrage réalisé par l'Académie du film de Bade-Wurtemberg, 2014.

foucherconnect.fr/21f13

Pour débattre

Organisez des cercles de lecture !

Étape 1. Par petits groupes, distribuez-vous les rôles : débatteurs, rapporteur...

Étape 2. Choisissez les thèmes à débattre à l'aide des sujets ci-contre.

Étape 3. Résumez vos échanges devant la classe, par la voix de votre rapporteur.

Étape 4. Confrontez les comptes rendus et débattez dans une discussion animée par votre professeur(e).

Propositions de thèmes de débat

- Selon vous, quels sont les responsables des catastrophes écologiques du XXe et du XXIe siècle qui font écho au propos d'Alphonse Daudet ? Identifiez les acteurs, leurs buts et les conséquences sur les hommes et la nature, les continuités...
- Peut-on dire que la nature se venge ?
- Pourquoi les récits et les films fantastiques vous permettent-ils de questionner le monde actuel ? Provoquent-ils chez vous une prise de conscience et une envie d'agir ?

Bilan objet d'étude

Yue Minjun (né en 1962), *Red Boat*, 2009.

Couverture du magazine *Le Courrier de l'Unesco*, juillet-septembre 2019.

Testez-vous !

1 Des illustrations pour les séquences et leur problématique

Feuilletez les séquences du manuel et lisez leur problématique. Puis choisissez la ou les images qui pourraient les illustrer. Justifiez vos choix en relevant dans chaque illustration des éléments précis.

- Séquence 1 : Messages à la jeunesse

Nous reconnaissons-nous dans les valeurs humanistes de nos aînés ?

- Séquence 2 : Une dystopie contemporaine, *La Servante écarlate* de Margaret Atwood

Sur quels éventuels dangers nous alerte ce roman de science-fiction ?

- Séquence 3 : Des essais engagés

Comment des essayistes nous aident-ils à penser les mutations de notre monde ?

- Séquence 4 : Un conte humaniste, *La Plus Précieuse des marchandises* de Jean-Claude Grumberg

Quelle leçon d'espoir et d'humanité nous donne le conteur ?

2 Retour sur le titre de l'objet d'étude « Vivre aujourd'hui : l'humanité, le monde, les sciences et la technique »

Montrez en quoi chaque citation illustre à sa manière le titre de l'objet d'étude.

a. « À notre époque si grosse de menaces de toutes sortes, les hommes doivent mettre l'accent non plus sur ce qui les sépare, mais sur ce qu'ils ont en commun, dans le respect de l'identité de chacun. »
Amadou Hampâté Bâ → PAGE 13

b. « Demain, nous promettent les prophètes du numérique et du transhumanisme, nous pourrons doubler nos capacités cognitives, adjoignant des puces, des disques durs à nos cerveaux, réparer nos organes, empêcher nos corps de dépérir, nos cœurs de s'arrêter. »
Cyril Dion → PAGE 32

c. « Voilà la seule chose qui mérite d'exister dans les histoires comme dans la vraie vie. L'amour, l'amour offert aux enfants, aux siens comme à ceux des autres. »
Jean-Claude Grumberg → PAGE 48

Affiche pour la semaine d'éducation et d'actions contre le racisme et l'antisémitisme, ministère de l'Éducation nationale.

Greta Thunberg aux Nations unies à New York en 2019.

3 À vos accouplements de mots !

Expliquez les points communs et les différences entre les mots des couples ci-dessous. Aidez-vous, si besoin, des pages du manuel où ces termes sont employés.

- Abstrait / concret → PAGES 34, 35
- Altruisme / individualisme → PAGE 52
- Anaphore / métaphore → PAGES 13, 19
- Anecdote / argument d'autorité → PAGE 37
- Conte / essai → PAGES 32, 42
- Contexte / visée → PAGES 15, 19
- Contre-valeur / valeur → PAGE 15
- Convaincre / persuader → PAGE 37
- Dystopie / utopie → PAGES 27, 28
- Écologie / transhumanisme → PAGES 32, 39
- Fantastique / science-fiction → PAGES 27, 54
- Nouvelle / roman → PAGES 20, 54
- Thème / thèse → PAGE 37
- Intelligence artificielle / robotique → PAGE 38
- Lettre ouverte / pétition → PAGE 15

4 Votre jugement personnel

De quel auteur vous sentez-vous le plus proche lorsqu'il analyse la vie aujourd'hui ? Argumentez votre position comme si vous lui répondiez personnellement.

A. « Si l'on croit en quelque chose, si l'on porte en soi-même suffisamment d'énergie, suffisamment de passion, suffisamment d'appétit de vivre, on peut trouver dans les ressources qu'offre le monde d'aujourd'hui les moyens de réaliser quelques-uns de ses rêves. »

AMIN MAALOUF, *Les Identités meurtrières*, © Éditions Grasset & Fasquelle, 1998.

B. « Personne n'a une vie facile. Le seul fait d'être vivant nous porte immédiatement au plus difficile. Les liens que nous nouons dès la naissance, dès la première brûlure de l'âme au feu du souffle, ces liens sont immédiatement difficiles, inextricables, déchirants. La vie n'est pas chose raisonnable. On ne peut, sauf à se mentir, la disposer devant soi sur plusieurs années comme une chose calme, un dessin d'architecte. La vie n'est rien de prévisible ni d'arrangeant. »

CHRISTIAN BOBIN, *La plus que vive*, © Éditions Gallimard, 1999.

Le lexique des valeurs et contre-valeurs

Observation

Considérant que la reconnaissance de la dignité inhérente à tous les membres de la famille humaine et de leurs droits égaux et inaliénables[1] constitue le fondement de la liberté, de la justice et de la paix dans le monde, considérant que la méconnaissance et le mépris des droits de l'homme ont conduit à des actes de barbarie qui révoltent la conscience de l'humanité et que l'avènement d'un monde où les êtres humains seront libres de parler et de croire, libérés de la terreur et de la misère, a été proclamé comme la plus haute aspiration de l'homme, considérant qu'il est essentiel que les droits de l'homme soient protégés par un régime de droit pour que l'homme ne soit pas contraint, en suprême recours, à la révolte contre la tyrannie et l'oppression, [...] les peuples des Nations unies ont proclamé à nouveau leur foi dans les droits fondamentaux de l'homme, dans la dignité et la valeur de la personne humaine, dans l'égalité des droits des hommes et des femmes [...].

Extraits du Préambule de la *Déclaration universelle des droits de l'homme*, 1948.

1. Qui ne peuvent être enlevés.

1. Identifiez ici les valeurs défendues et les contre-valeurs combattues.
2. Trouvez au moins deux termes antonymes dans le texte.
3. Les mots suivants sont-ils selon vous « concrets » ou « abstraits » : dignité, justice, foi, humanité, révolte, tyrannie, barbarie, conscience, êtres humains, oppression, égalité ?
4. Comment sont formés les mots surlignés du texte ? Connaissez-vous d'autres mots, évoquant des valeurs, formés sur le même principe ?

Mémo

Le lexique des valeurs

Domaines

Une **valeur** peut être :
- morale : *la dignité* ;
- politique : *la liberté* ;
- sociale : *la solidarité*.

Abstraction

- Le **vocabulaire** des valeurs est **abstrait**. Il correspond à ce qui n'existe que sous forme d'idée, une réalité perçue par l'intellect, l'âme, le cœur...
- Il s'oppose au **vocabulaire concret** correspondant à celui d'une réalité perçue par les cinq sens.

Antonymes

- Un antonyme est un mot dont le sens est opposé à celui d'un autre mot. Une valeur s'oppose souvent à une autre valeur : une **contre-valeur**. *Humain ≠ inhumain.*
- L'antonyme peut être repéré par le **préfixe d'opposition** qui le compose : *in-*, *il-*, *anti-*, *contre-*.

Suffixes

Les mots évoquant des valeurs finissent souvent par des **suffixes** comme :
- **-isme** : *professionnalisme*, *humanisme*...
- **-té** : *égalité*, *fraternité*, *fidélité*...

Pour résumer

Parmi ces synonymes du mot « valeur », identifiez les intrus : *prix, rêve, éthique, référence pour un groupe social, idéal personnel, chance, jeu, ce qui oriente mes choix, principe important, ce qui rend estimable, ce par quoi quelqu'un est digne d'estime, mesure.*

Exercices

PARCOURS BLEU

1 À partir des adjectifs suivants, **trouvez** des noms communs évoquant des valeurs : *fidèle, honnête, généreux, charitable, solidaire, fraternel, juste, sincère, humain.*

2 **Donnez** les antonymes de ces valeurs : *force d'âme, honneur, altruisme, vertu, prudence, humilité.*

3 **Associez** chaque valeur à un domaine moral ou philosophique.

Valeurs	Domaine moral ou philosophique
Courage •	• Esthétique/plaisir
Équité •	• Éthique/morale
Pragmatisme •	• Pratique
Naturel •	• Justice/droit
Crédibilité •	• Vérité/raison

4 À propos de ces deux affiches, **dites** qui est l'émetteur, comment elles sont construites et quelles valeurs sont mises en avant.

▲ Affiches pour la Fondation Abbé Pierre.

PARCOURS ORANGE

1 **Identifiez** les valeurs défendues par cette affiche et les contre-valeurs dénoncées.

2 **Relevez** les valeurs défendues dans ces deux poèmes. Quels indices textuels vous ont aidé pour répondre ?

POÈME A

Laissez chanter
l'eau qui chante
Laissez courir
l'eau qui court
Laissez vivre
l'eau qui vit
l'eau qui bondit
l'eau qui jaillit
Laissez dormir
l'eau qui dort
Laissez mourir
l'eau qui meurt

PHILIPPE SOUPAULT, « Pour la liberté », in *Poésies pour mes amis les enfants*, © Éditions Gallimard.

POÈME B

Jamais jamais je ne pourrai dormir tranquille
aussi longtemps
que d'autres n'auront pas le sommeil et l'abri
ni jamais vivre de bon cœur tant qu'il faudra
que d'autres
meurent qui ne savent pas pourquoi
J'ai mal au cœur mal à la terre mal au présent
Le poète n'est pas celui qui dit Je n'y suis
pour personne
Le poète dit J'y suis pour tout le monde [...]
Je te tiens par la main
La main de tous les hommes

CLAUDE ROY, « Jamais je ne pourrai », in *Poésies*, © Éditions Gallimard.

Vers le BAC PRO

Imaginez le texte qui pourrait accompagner cette photographie et qui serait porteur de valeurs.

Le lexique des sciences et techniques

Observation

Texte A

Le 16 juillet 2019, Neuralink a présenté un prototype d'interface branchée sur le cerveau... de rats. Une première étape pour atteindre l'objectif de la mystérieuse start-up créée par Elon Musk[1] : connecter cerveau humain et intelligence artificielle. [...] En réalité, les interfaces cerveau-machine (ICM) sont déjà testées dans les laboratoires depuis des années. Grâce à des électrodes cérébrales, des patients tétraplégiques ont ainsi pu commander une prothèse de bras. L'objectif est, à terme, de pouvoir diriger un exosquelette par la pensée afin de remarcher. Pourrait-on réellement «lire» le cerveau grâce à de tels dispositifs et transférer toute son information vers une IA? [...]

1. Dirigeant de l'entreprise Space X et Tesla.

JEAN-FRANÇOIS HAÏT, *Sciences et Avenir*, 2 décembre 2019.

Texte B

Tout môme de 5 ans sait localiser son doudou au bipper, pister son drone dans une fly-zone standard et traquer sa mère au mètre près au milieu d'un centre commercial saturé de pères Noël. Un adulte à peu près débrouillé peut géolocaliser sa copine au décimètre dans un bar, savoir à chaque instant qui l'entoure et à quelle exacte distance, et pour peu qu'elle ait un piercing aux lèvres, deviner qui l'embrasse, sans caméra ni témoin, simplement en paramétrant sur son mobile une alerte sur la distance inter-individuelle. [...] Sauf que Sahar[1] n'a pas de piercings, qu'elle refuse absolument de porter des ubijoux qui puissent interagir avec le milliard d'objets pucés qui communiquent à chaque seconde dans nos dos [...].

1. Prénom de l'une des héroïnes du roman.

ALAIN DAMASIO, *Les Furtifs*, 2019, © La Volte.

1. Identifiez le genre de chaque texte, en vous aidant de sa source.
2. Répartissez-vous l'étude des mots surlignés dans chaque texte. À l'aide d'un dictionnaire, définissez-les. Puis caractérisez leur formation à l'aide du Mémo : lesquels sont des mots dérivés ? Des mots composés ? Des anglicismes ? Citez le mot formant un sigle.
3. Que veut montrer l'auteur du texte A à ses lecteurs en utilisant ce vocabulaire ? Et celui du texte B ?

Mémo

Le lexique scientifique et technique

Sa formation

- Avec des **mots dérivés** fabriqués par ajout(s) de préfixe et/ou suffixe à un autre terme : *exoplanète*.
- Avec des **mots composés** obtenus par association de mots indépendants ayant chacun une signification. Leur association produit un troisième mot ayant un sens différent : *cerveau-machine*.
- Avec des **sigles** formés par les initiales de divers mots : *OGM*.
- Avec des **mots empruntés aux langues étrangères**, comme l'anglais (anglicisme) : *smartphone*.
- Avec des **néologismes** : mots nouveaux ou dont le sens a été détourné : *pucé*.

Son utilisation

- Ce lexique **s'enrichit** au fil des découvertes scientifiques et des innovations technologiques.
- Il est employé surtout dans les **essais** et les **revues scientifiques** pour **informer** ou **expliquer**.
- On le retrouve aussi dans les **œuvres de science-fiction** pour **rendre réaliste le récit** ou **enrichir l'imaginaire** du lecteur.

Pour résumer

D'après vos connaissances, citez dix mots du lexique scientifique et technique, puis réunissez-les avec ceux trouvés par vos camarades pour créer un mini-dictionnaire collectif.

Exercices

PARCOURS BLEU

1 a. **Associez** les anglicismes liés aux technologies Internet à leur équivalent en français :

Courriel •	• Bug
Bogue •	• Emoji
Article de forum •	• Post
Frimousse •	• Chat
Dialogue de forum •	• Mail

b. Quels mots préférez-vous employer ? **Justifiez** votre réponse.

2 a. **Retrouvez** les préfixes des mots dérivés suivants et **expliquez** leur sens : *préhistoire, extraterrestre, microrobot, biodiversité, intraveineuse, polytraumatisé, astrophysicien.*

b. **Donnez** la définition du mot complet en vous aidant si nécessaire d'un dictionnaire.

3 a. **Identifiez** dans cette une de magazine les mots issus du lexique scientifique et technique et **cherchez**-en la définition dans un dictionnaire.

b. **Précisez** les visées du magazine vis-à-vis de ses lecteurs en vous appuyant sur des mots employés dans la une.

▲ *Comment ça marche ?*, n° 121, octobre 2020.

PARCOURS ORANGE

1 Dans cet extrait de roman de science-fiction humoristique, **distinguez** les mots issus du lexique scientifique et technique de ceux qui sont inventés.

Quelque part dans le cosmos, affirmait-il, et parallèlement aux planètes habitées par des humanoïdes, reptiloïdes, cachaloïdes, [...] existait également une planète entièrement dévolue aux formes de vie crayons-bicoïdes. Et c'était vers cette planète que se dirigeaient tous les vieux Bics errants, en se faufilant tranquillement par les trous de ver de l'espace pour gagner un monde où ils savaient qu'ils pourraient enfin vivre une existence entièrement bicoïde, correspondant à des stimuli nettement bicorientés, bref, mener l'équivalent pour un Bic de la bonne vie.

Douglas Adams, *Le Guide du voyageur galactique : H2G2*, tome 1, traduction de Michel Pagel, © Denoël, 2005. Copyright © Serious Productions Limited 1979.

2 **Définissez** les mots suivants : *exosquelette, nanoparticule, cryothérapie, neurotransmetteur, intergalactique.*

Aidez-vous de la définition de ces préfixes :

- cryo- : froid ;
- exo- : externe ;
- nano- : nain ;
- neuro- : nerf ;
- inter- : entre.

3 D'après vos connaissances, **précisez** les expressions auxquelles correspondent ces sigles : TGV, QI, IVG, AVC, OGM, IRM, OMS, FIV.

Vers le BAC PRO

Dénoncez les dérives scientifiques illustrées par cette photographie en utilisant le lexique scientifique et technique adéquat.

Le lexique sur l'argumentation

Observation

Quand la génétique lutte contre le racisme

L'homme présente trois fois moins de diversité génétique que les orangs-outangs qui vivent dans l'île de Bornéo. […]

Apparu en Afrique il y a quelque 200 000 à 300 000 ans, l'*Homo sapiens* s'aventure hors d'Afrique il y a environ 70 000 ans, ce qui est récent dans l'histoire de la lignée humaine. Il rencontre alors au Moyen-Orient des Néandertaliens qui, eux, sont les descendants d'hommes sortis d'Afrique il y a plus de 700 000 ans. La génétique a permis de démontrer qu'il y a eu des rencontres charnelles fécondes : tous les *Homo sapiens* hors d'Afrique ont environ 2 % de leur génome hérité des Néandertaliens. Ainsi, l'histoire de notre espèce est faite de migrations, d'échanges, de mélanges qui expliquent aujourd'hui les faibles différences génétiques entre les populations humaines. […]

La génétique nous apprend aussi que les différences de couleur de peau sont le fait d'un nombre réduit de gènes qui n'ont rien à voir avec les capacités morales et intellectuelles des individus. […]

Ainsi, la génétique montre que les différences entre individus, entre populations et entre groupes de populations existent, mais que cela n'implique pas d'y associer des hiérarchies.

Évelyne Heyer, professeure d'anthropologie génétique au Muséum national d'histoire naturelle, « Racisme : qui est l'autre ? », magazine *Humains*, janvier-février 2019.

1. Quels thème et thèse présente l'autrice ?
2. À quelle thèse sous-entendue s'oppose-t-elle ? Citez des arguments qui la réfutent.
3. De quel domaine relève son argumentaire : politique ? Scientifique ? Philosophique ?
4. Grâce au Mémo, identifiez les types d'arguments et d'exemples.

Mémo

Pour argumenter

Le thème et la thèse

- Le **thème** d'une argumentation représente le **sujet** traité. Il est général et **objectif**. *La parité institutionnelle entre les femmes et les hommes.*
- La **thèse** répond à une **problématique** et exprime l'**opinion subjective** de l'auteur(rice) sur le thème. *La défense ou la réfutation de cette parité.*

L'argumentaire

Pour justifier la thèse, il est composé :
- d'**arguments** : « **idées-preuves** ». *La parité se justifie par l'égalité entre les sexes ;*
- d'**exemples** : cas concrets. *Un même nombre d'hommes et de femmes au parlement.*

Les types d'arguments et d'exemples

- Les **arguments** et **exemples** d'**autorité** : recherches et prises de position incontestables d'**experts**.
- Le **vécu personnel**, les **valeurs** et les **croyances** de celui ou celle qui argumente.

L'argumentation et ses visées

- L'argumentation est l'**acte d'argumenter**.
- Son **but** est de **contredire** et **modifier l'opinion** implicite adverse afin d'obtenir l'**adhésion** du public.
- Deux stratégies : **persuader** en s'adressant aux affects de l'interlocuteur et/ou **convaincre** en visant sa raison.

Pour enrichir son lexique

Définissez d'autres termes du Mémo : *objectif/subjectif, conviction, problématique, valeur, croyance, justifier, illustrer*. Puis créez votre glossaire sur l'argumentation.

Exercices

PARCOURS BLEU

1 **Reliez** chaque thème aux thèses opposées qu'ils suggèrent.

Les thèmes	Les thèses
a. Le télétravail •	• **1.** Soit un mensonge, soit une réalité environnementale.
b. L'apprentissage à distance •	• **2.** Soit un soutien nécessaire, soit une dépense inutile.
c. Le réchauffement climatique •	• **3.** Soit des activités plus motivantes, soit moins efficaces.
d. L'aide aux personnes précaires •	• **4.** Soit plus de liberté, soit un enfermement.

2 Ci-dessous, des arguments invoqués par des auteurs et autrice étudiés dans le manuel. **Formulez** pour chaque citation le thème abordé et la thèse soutenue.

a. Amadou Hampâté Bâ (p. 13).
« Combien ennuyeux et monotone serait un monde uniforme où tous les hommes, calqués sur un même modèle, penseraient et vivraient de la même façon ! »

b. Malala Yousafzai (p. 18)
« Nous sommes plus fortes que la violence. Nous sommes plus fortes que la peur. Nous avons le droit à une éducation et nous allons l'emporter. »

c. Edgar Morin (p. 34)
« Si nous pouvons atténuer la douleur et retarder la mort par vieillissement, nous ne pourrons jamais éliminer les accidents mortels où nos corps seront écrabouillés ; nous ne pourrons jamais nous défaire des bactéries et des virus […]. »

3 L'usage du vélo dans les grandes villes est un thème soulevant bien des débats. **Formulez** les thèses en présence et **listez** pour chacune d'elles des arguments et exemples. Puis **prenez** position.

PARCOURS ORANGE

Trouvez le thème et la thèse défendue par Voltaire, philosophe des Lumières. **Reformulez** ses arguments et **qualifiez** sa stratégie argumentative : vise-t-il à convaincre ou persuader ? Pourquoi ?

Prière à Dieu

Tu ne nous as point donné un cœur pour nous haïr, et des mains pour nous égorger ; fais que nous nous aidions mutuellement à supporter le fardeau d'une vie pénible et passagère ; que les petites différences entre les vêtements qui couvrent nos débiles[1] corps, entre tous nos langages insuffisants, entre tous nos usages ridicules, entre toutes nos lois imparfaites, entre toutes nos opinions insensées, entre toutes nos conditions si disproportionnées à nos yeux, et si égales devant toi ; que toutes ces petites nuances qui distinguent les atomes appelés *hommes* ne soient pas des signaux de haine et de persécution ; que ceux qui allument des cierges en plein midi pour te célébrer supporte ceux qui se contentent de la lumière de ton soleil ; que ceux qui couvrent leur robe d'une toile blanche pour dire qu'il faut t'aimer ne détestent pas ceux qui disent la même chose sous un manteau de laine noire […].

1. Physiquement fragiles.

Voltaire, *Traité sur la tolérance*, 1763.

Vers le BAC PRO

Rédigez une argumentation à partir de ce dessin de presse. **Présentez** son thème ainsi que la thèse implicite que défend le dessinateur et **argumentez**.

▲ Dessin de Brouck.

Des procédés pour interpeller

Observation

Je vous salue

Vous les fouilleurs de poubelles
les infirmes
aux moignons crasseux
les borgnes
les hommes rampants
vous les maraudeurs[1]
les gamins des taudis
je vous salue.
Quel fardeau portez-vous
en ce monde immonde
plus lourd que la ville
qui meurt de ses plaies?
Quelle puissance
vous lie à cette terre frigide
qui n'enfante des jumeaux
que pour les séparer?
qui n'élève des buildings
que pour vous écraser
sous les tonnes de béton
et d'asphalte fumant?
Vous les mangeurs
de restes
les sans-logis
les sans-abri
Quel regard portez-vous
sur l'horizon en feu?

1. Petits voleurs.

Véronique Tadjo, « Je vous salue », in *Latérite*, 1984.

1. Identifiez qui interpelle qui dans ce poème.
2. Relevez les pronoms personnels utilisés pour interpeller.
3. Réécrivez le poème en remplaçant « Vous les fouilleurs de poubelles » par « Toi le... » et « Eux les... ». Effectuez les transformations qui s'imposent. Par rapport au texte d'origine, qui est alors interpellé dans le premier cas ? Et dans le second cas ?
4. Quel type de phrase marque les différentes parties du poème ? Pourquoi est-ce aussi un procédé d'interpellation ?

Mémo

Des procédés pour interpeller

Les marques de l'énonciation

- Les pronoms de la 2e **personne** (tu, vous).
- Les pronoms de la **1re personne du pluriel** (nous) : le lecteur est associé à l'auteur.
- Les **modes verbaux**
  – l'**impératif** : *voyez*..., *écoute*...
  – le **subjonctif** après l'adverbe exclamatif « que » (ou « qu' ») : *qu'ils aillent où ils veulent !*

La construction des phrases

- Avec un **présentatif** « voici... », « voilà », « c'est... qui » : *c'est la liberté, et rien d'autre, qui m'importe le plus. Voilà ma vie !*
- Les **phrases interrogatives** et **exclamatives** en général.
- La **question rhétorique** : l'auteur pose une question à laquelle il ne répond pas car la réponse est évidente.
- Les **répétitions** ou **reprises**.
- Les **apostrophes** et le « ô » vocatif.

Le lexique

- Les **interjections** : *ah*, *oh* ;
  – pour l'**approbation** ou la **négation** : *oui*, *non* ;
  – pour la **déploration** : *hélas*.
- Le lexique **affectif** et **d'opinion** : *j'aime*, *je m'oppose*...
- Des **formules** :
  – pour les prises de position : *à mon avis*, *d'après moi*, *selon vous* ;
  – pour l'accord ou le désaccord : *absolument*, *tout à fait*, *bien entendu*, *en effet*, *pas du tout*...
  – pour exprimer une réserve : *certes*, *mais*, *admettons*...

Pour résumer

Finissez cette phrase : « Dans son poème, Véronique Tadjo, l'autrice, utilise plusieurs procédés d'interpellation, comme... ».

Exercices

PARCOURS BLEU

1 a. **Repérez** et **identifiez** les procédés d'interpellation dans ce calligramme de Guillaume Apollinaire, daté de 1918.

S
A
LUT
M
O N
D E
DONT
JE SUIS
LA LAN
GUE É
LOQUEN
TE QUESA
BOUCHE
O PARIS
TIRE ET TIRERA
TOU JOURS
AUX A L
LEM ANDS

Guillaume Apollinaire, *Calligrammes*. Extrait du poème « 2e canonnier conducteur », 1918.

b. **Expliquez** ce court texte.

2 Sur cette affiche de mai 1968, créée lors de la révolte des étudiants, **dites** qui est interpellé et comment. Quel message est adressé à ce public ?

Affiche réalisée par l'atelier populaire de l'École des Beaux-Arts, Paris, 1968.

3 **Imaginez**, à partir de cette image, un slogan qui interpellerait un public précis. Vous utiliserez au moins deux procédés d'interpellation que vous nommerez.

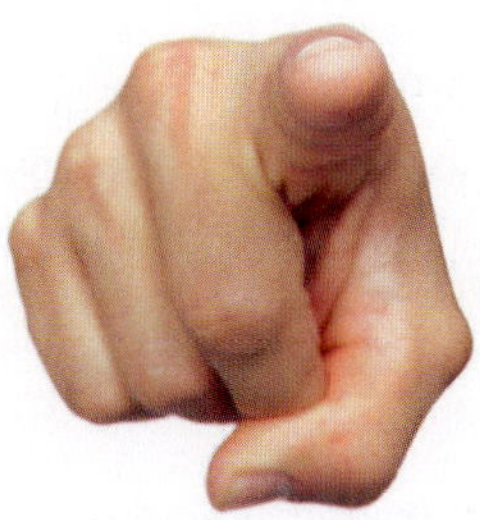

PARCOURS ORANGE

1 **Expliquez** comment Jean Giono associe le lecteur dans son argumentation. Puis **relevez** les répétitions et **expliquez** leur rôle.

Les choses se transforment sous nos yeux avec une extraordinaire vitesse. Et on ne peut pas toujours prétendre que cette transformation soit un progrès. Nos « belles » créations se comptent sur les doigts de la main, nos « destructions » sont innombrables. Telle prairie, telle forêt, telle colline sont la proie de bulldozers et autres engins ; on aplanit, on rectifie, on utilise ; mais on utilise toujours dans le sens matériel, qui est forcément le plus bas.

JEAN GIONO, *La Chasse au bonheur*, © Éditions Gallimard.

2 a. **Dites** qui interpelle qui dans ce discours et pourquoi.

b. **Identifiez** tous les procédés de l'interpellation utilisés.

Ô femmes ! Approchez et venez m'entendre. Que votre curiosité, dirigée une fois sur des objets utiles, contemple les avantages que vous avait donnés la nature et que la société vous a ravis. Venez apprendre comment, nées compagnes de l'homme, vous êtes devenues son esclave ; comment, tombées dans cet état abject, vous êtes parvenues à vous y plaire, à le regarder comme votre état naturel [...]. Apprenez qu'on ne sort de l'esclavage que par une grande révolution. Cette révolution est-elle possible ? C'est à vous seules à le dire puisqu'elle dépend de votre courage.

PIERRE CHODERLOS DE LACLOS, *Des femmes et de leur éducation*, 1783.

Vers le BAC PRO

Rédigez un texte qui accompagnerait cette image.

L'insertion directe et indirecte des citations

Observation

Depuis la publication dans le *JDD*, dimanche 13 septembre, de la tribune d'une soixantaine d'élus de gauche demandant un moratoire sur la 5G, les réactions fusent. Après Emmanuel Macron qui avait moqué, lundi, les signataires et leur « modèle amish[1] », la ministre de la Transition écologique est montée au front, mercredi 16 septembre, affirmant qu'il n'existait « aucun risque sanitaire » lié aux fréquences de la 5G. […]

« La question n'est pas l'économie d'énergie permise par cette nouvelle technologie, mais ce que l'on va faire de ce gain d'énergie », estime Alma Dufour, chargée de campagne surproduction et spécialiste des produits numériques pour l'ONG Amis de la Terre. « Or, à chaque fois qu'il y a une avancée technologique, le progrès est mis à profit pour produire plus. La 5G offre une plus grande rapidité et de nouvelles possibilités aux particuliers et aux entreprises, ce qui va entraîner une explosion de la consommation d'énergie bien supérieure aux économies. »

David Rich, « Déploiement de la 5G en France : des enjeux écologiques en cascade », www.france24.fr, 18 septembre 2020.

1. Formule moqueuse du Président de la République en référence à cette communauté religieuse américaine qui vit comme au XVIIIe siècle.

1. Quel est le thème de l'article et quels sont les deux jugements qui s'opposent ? Reformulez-les.
2. Quel rôle jouent les guillemets dans l'article ?
3. Quelle couleur désigne la citation directe ? Et la citation indirecte ?
4. Comparez la construction grammaticale des deux énoncés surlignés. En quoi est-elle différente ?
5. Que recherche, selon vous, l'auteur de cet article grâce aux paroles rapportées ?

Mémo

Les fonctions et la rédaction des citations

Les citations sont des **discours rapportés** par l'énonciateur du texte. Elles sont construites de manière **directe** ou **indirecte** et elles **légitiment** souvent une explication ou un argument.

Les citations directes

- Elles sont :
– soit **brèves** : un mot ou groupe de mots est inséré dans la phrase de l'énonciateur. *Edgar Morin décrit « de croissantes inégalités ».*
– soit **plus longues** : un verbe de parole introduit par des deux-points les propos ou les conclut avec une virgule. *E. Morin affirme : « Notre société vit de croissantes inégalités. »* ou *« Notre société vit de croissantes inégalités », affirme E. Morin.*
- Des **crochets** signalent les **coupes** dans une longue citation. *« Or à chaque fois […] aux économies. »*

Les citations indirectes

- Elles sont construites :
– soit avec une principale suivie d'une subordonnée complétive introduite par « **que** » : *Edgar Morin estime que notre société vit de croissantes inégalités.*
– soit avec une principale suivie d'une subordonnée interrogative indirecte : *Il se demande si cela cessera un jour.*
- Pour préciser qui parle, on insère parfois entre **crochets** l'identité de celui dont l'énonciateur rapporte les propos.

Pour faire le point

Proposez d'autres exemples de citations construites directement et indirectement à partir de textes puisés dans la séquence 3 (p. 32-40).

Exercices

PARCOURS BLEU

1 **Rédigez**, à l'aide des sources, des insertions directes de citations à partir des exemples donnés.

- « Le déclin massif des vertébrés, qui se produit à un rythme sans précédent dans l'histoire, est un témoignage de l'appauvrissement de la nature. »

VÉRONIQUE ANDRIEUX, WWF France.

- « Le but de la *smart agriculture* n'est pas obligatoirement de produire plus, mais de produire mieux, tout en respectant l'environnement. »

ANDREA VITALETTI, professeur en informatique à l'université de Rome.

2 À l'aide du Mémo, **transformez** les déclarations suivantes afin d'en faire des citations indirectes.

- « Les algorithmes sont partout, ils veillent sur nous et nous assistent en toute occasion pour nous relier aux autres. »

ANDRÉ SALMON

- « Les futurologues parlent d'un [...] saut technologique tellement phénoménal que la société entière en serait transformée. »

GLENN HARLAN REYNOLDS

3 **Citez** ce message d'un média social en vous servant tour à tour dans un court texte d'une citation directe, puis indirecte.

Cybèle
@6bele

Viande de culture : propre pour les uns, projet inhumain pour les autres, la viande élaborée en laboratoire est déjà une réalité ! On s'éloigne encore une fois de la nature…
#viandesansviande

PARCOURS ORANGE

1 **Transformez** ces citations directes en citations indirectes.

a. Selon le Système mondial d'observation du climat, « le réchauffement planétaire lié aux activités humaines connaît une accélération sans précédent ».

b. Charles de Gaulle écrivait à propos de l'année 1940 : « La guerre commence infiniment mal. Il faut donc qu'elle continue. »

c. « Les gens croient qu'en étant informés, ils savent quelque chose », constate Bernard Stiegler.

2 À propos du texte suivant, **rédigez** :

- une phrase insérant une citation directe, de façon intégrale ;
- une phrase avec une citation directe dans laquelle vous avez fait une coupe ;
- une phrase avec une citation indirecte.

L'ancêtre de Hatsune Miku est le logiciel de synthèse vocale Vocaloid (contraction de vocal et d'androïde), créé au Japon par Yamaha en 2004. Celui-ci permet de générer paroles et mélodies grâce à des voix synthétisées, avec tous les effets et modulations souhaités. Une manne de « chanteurs » virtuels est ainsi mise à disposition de tout un chacun, musicien professionnel ou amateur. Parallèlement, les voix désincarnées sont « réincarnées » dans des personnages créés sur mesure, qui se voient attribuer un nom, une image et des éléments de personnalité.

EMMANUELLE JARDONNET, « Hatsune Miku, trajectoire d'une diva virtuelle », Le monde.fr, 14 novembre 2013.

Vers le BAC PRO

Écrivez un court paragraphe sur les enjeux des nouvelles technologies abordés par cette interview en ligne d'une chercheuse en sciences cognitives. Votre paragraphe utilisera à la fois des citations directes et indirectes empruntées à l'interview.

vidéo
« Les nouvelles technologies nous rendent-elles plus bêtes ? », Nawal Abboub, Brut.
foucherconnect.fr/21f14

Les marques d'opinion dans un énoncé

Observation

Le monde dévoré

Ce que nous avons mangé a fait de nous
ce que nous sommes
Et pendant des siècles, nous avons mangé
le monde.
Nos pays ont fait la course
Pour s'approprier les matières premières.
Être celui qui vend et non celui qui achète,
Celui qui décide et non celui qui subit.
Tout s'est joué là pendant des décennies.
Qu'avons-nous fait lorsque nous avons régné ?
Nous nous sommes bâfrés. […]
Allez vite !
La course a commencé.
Il faut tout prendre : le caoutchouc, le bois,
les pierres précieuses, le café, le chocolat,
le sucre, le poivre et toutes les épices
nouvelles.
Il faut aller chercher de l'ivoire pour nos boules
de billard et les touches de nos pianos. […]
Il y a de tout sur le sol d'Afrique,
De tout dans les Caraïbes et l'Amérique du Sud,
Il suffit de s'organiser et d'arriver le premier.

LAURENT GAUDÉ, *Nous, l'Europe, banquet des peuples*, © Éditions Actes Sud, 2019.

1. En quoi le poème et son titre suggèrent-ils l'expression d'une opinion ?
2. Quels sont le thème du texte et la thèse que soutient le poète ?
3. Quelles sont les deux métaphores sur lesquelles s'appuie l'écrivain ? Relevez les autres termes qui développent ces images.
4. Identifiez et illustrez d'autres procédés utilisés pour justifier son opinion. Aidez-vous du Mémo.

Mémo

Des procédés pour exprimer un jugement

Les modalisateurs

Des **mots** ou **groupes de mots** qui renvoient à l'opinion de l'énonciateur. *Certainement*, *selon moi*, *il est juste de*…

Le lexique évaluatif

Selon la thèse soutenue, des **termes** :
- **mélioratifs** : *superbement*, *formidable*…
- **péjoratifs** : *laideur*, *je déteste*, *horriblement…*

Les modes verbaux

Pour exprimer :
- la certitude → l'**indicatif**. *Il faut agir* ;
- le souhait, l'hypothèse, le doute → le **conditionnel** et le **subjonctif** : *Il faudrait que nous agissions si c'est possible* ;
- l'injonction, l'ordre → l'**impératif** : *Agissons.*

Des figures de style

- Des **répétitions**, **énumérations** et **gradations** : *libre de vivre, libre de mourir…*
- Des **images poétiques** : comparaisons, métaphores, personnifications, hyperboles… : *l'homme : ce géant aux pieds d'argile…*
- Des **antiphrases ironiques** : *ce savant qui croit maîtriser l'avenir…*

Des types de phrases

- Pour exprimer des sentiments : des phrases **exclamatives**. *Quelle prétention !*
- Pour formuler de vraies ou fausses questions : des phrases **interrogatives**. *Que voulez-vous ?*

Pour faire le point

Proposez d'autres exemples pour illustrer chaque marque d'opinion ci-dessus.

Exercices

PARCOURS BLEU

1 Ci-dessous l'extrait d'une pétition. **Formulez** ce qui est dénoncé. **Relevez** et **nommez** les procédés utilisés.

L'industrie de l'huile de palme et ses clients doivent empêcher immédiatement les atteintes aux droits humains, le travail forcé et le travail des enfants !
27 millions d'hectares de forêts tropicales ont été détruites pour les plantations d'huile de palme sur la planète à ce jour. [...]
Des enfants âgés de 8 à 14 ans doivent assurer des travaux dangereux. Certains ne vont même plus à l'école pour aider leurs parents incapables d'atteindre les objectifs de rendement démesurés des employeurs dans les plantations, ajoute Amnesty[1].

1. Amnesty International : organisation internationale humanitaire.

« Sauvons la forêt » (association allemande à but non lucratif).

2 **Comparez** les opinions a. et b. et **relevez** leurs différences dans le choix des modalisateurs, de certains mots et des modes verbaux. **Qualifiez** la visée de chacune d'elles.

a. Il est possible que des entreprises mondialisées utilisent le travail des enfants dans les pays pauvres. Ce serait peut-être une forme de néocolonialisme. Il faudrait alors condamner ces pratiques.

b. Il est certain que des entreprises mondialisées exploitent le travail des enfants dans les pays pauvres. C'est sans nul doute une forme de néocolonialisme. Il faut alors condamner ces pratiques.

3 **Rédigez** l'argumentaire d'une affiche pour dénoncer l'exploitation inhumaine des enfants. Vous utiliserez les données ci-dessous de l'Observatoire des inégalités. **Employez** les procédés étudiés.

150 millions d'enfants travaillent dans le monde alors que les normes internationales l'interdisent. 70 millions dans des conditions dangereuses. Un chiffre qui diminue, mais un enfant sur dix reste concerné.

Observatoire des inégalités, www.inegalites.fr, données du 16 mars 2018.

PARCOURS ORANGE

Trouvez le thème et la thèse défendue par Jean Giono, célèbre écrivain du XXe siècle. **Identifiez** et **expliquez** les procédés d'écriture qu'il emploie.

Nos « belles » créations se comptent sur les doigts de la main, nos « destructions » sont innombrables. Telle prairie, telle forêt, telle colline sont la proie de bulldozers et autres engins ; on aplanit, on rectifie, on utilise ; mais on utilise toujours dans le sens matériel, qui est forcément le plus bas. Telle vallée, on la barre, tel fleuve, on le canalise, telle eau, on la turbine. On fait du papier journal avec des cèdres dont les Croisés ont ramené les graines dans leurs poches. On veut tout faire fonctionner. Le mot « fonctionnel » a fait plus de mal qu'Attila ; c'est vraiment après son passage que l'herbe ne repousse plus. On a tellement foi en la science (qui elle-même n'a foi en rien, même pas en elle-même), qu'on rejette avec un dégoût qu'on ne va pas tarder à payer très cher tout ce qui, jusqu'ici, faisait le bonheur des hommes. Cette façon de faire est déterminée par quoi ? Le noble élan vers le progrès ? Non : le besoin de gagner de l'argent...

Jean Giono, *La Chasse au bonheur*, 1966-1970, © Éditions Gallimard.

Vers le BAC PRO

Laurent Gaudé, après avoir dénoncé le colonialisme, défend l'idée d'une Europe à venir respectueuse des différences, de la solidarité et de la liberté. « Il y a un continent à inventer », écrit-il.
Et vous, qu'en pensez-vous ? **Argumentez** votre opinion sur l'Europe d'aujourd'hui et de demain en une vingtaine de lignes. **Variez** les procédés pour exprimer votre jugement.

De la cohésion à la cohérence d'une argumentation

Observation

Une conférence de Michel Serres

L'historien des sciences et philosophe Michel Serres a choisi de nommer « Petite Poucette » la génération née avec les nouvelles technologies numériques : ce surnom joue sur sa dextérité à utiliser son téléphone avec le pouce, ainsi que sur l'analogie avec le Petit Poucet qui est un enfant intelligent.

Cette Petite Poucette que j'aime tant et qui est pour moi l'héroïne des temps contemporains, cette Petite Poucette a une devise : *Maintenant tenant en main le monde*. En effet, elle a raison de dire *Maintenant tenant en main le monde* car il suffit de manipulations avec le GPS pour qu'elle ait à sa disposition tous les lieux du monde, y compris ceux où elle n'est jamais allée et qu'elle ne connaît pas. Elle tient en main tous les lieux du monde avec Google Earth par exemple. Elle tient en main d'autre part la totalité de l'information sur quelque sujet dont elle ait besoin avec Wikipédia et les moteurs de recherche. Enfin, […] grâce aujourd'hui aux connecteurs que sont les réseaux sociaux, en quatre appels, Petite Poucette peut appeler n'importe qui. […]

Question : qui dans le passé pouvait dire *Maintenant tenant en main le monde ?* Peut-être un empereur romain type Auguste, […] peut-être le Roi-Soleil, peut-être un richissime milliardaire. En tout cas des personnes rares. Il se trouve qu'aujourd'hui 3 milliards 750 millions de Petite Poucette peuvent dire *Maintenant tenant en main le monde*.

Michel Serres, conférence inaugurale du programme « Paris Nouveaux Mondes », HESAM Université, 29 janvier 2013.

Pour écouter la conférence en entier.

vidéo
« L'innovation et le numérique », conférence de Michel Serres.
foucherconnect.fr/21f15

1. Quelle thèse défend Michel Serres dans sa conférence ?
2. Définissez le terme « cohérence ». Ce terme s'applique-t-il à l'argumentation de l'auteur ?
3. Reformulez les trois raisons qui font que Petite Poucette « domine » le monde avec sa main.
4. En vous aidant du Mémo, identifiez le type de connecteurs représentés par les différentes couleurs.
5. Pourquoi nomme-t-on ces éléments des « procédés de cohésion » ? Expliquez l'expression.

Mémo

Les procédés de cohésion d'un texte

Les repères spatiaux et temporels

- Ces indicateurs spatiaux et temporels **contextualisent** l'argumentation.
  Internet s'est rapidement imposé à l'échelle mondiale.
- Les **temps verbaux** utilisés doivent correspondre aux repères temporels.
  Autrefois, on parlait…

Les connecteurs logiques

- Ce sont des adverbes, des conjonctions de coordination et de subordination qui permettent de **suivre un raisonnement**.
- Ils ont **différentes valeurs** (énumération, opposition, cause…) et **associent** des propositions et des phrases entre elles.
  Les SMS remplacent les lettres car c'est plus rapide.

Les mots de reprise nominale et pronominale

- Ce sont des noms, groupes nominaux ou pronoms qui évitent les répétitions et **soudent** aussi l'énoncé.
  On envoie des SMS ; ceux-ci transforment notre langue qui perd de sa richesse.

Pour mobiliser son lexique

Identifiez la nature des procédés de cohésion dans les exemples ci-dessus.

Exercices

PARCOURS BLEU

1 **a. Retrouvez** les repères spatiaux et temporels du texte.

Au cours de deux derniers siècles, l'humanité a progressé dans de nombreux domaines comme l'éducation. Ainsi, dans le monde de 1800, seuls 12 % des individus savaient lire contre 86 % en 2016. Si des différences subsistent encore entre les sexes, ces écarts se constatent surtout en Afrique, au Moyen-Orient et en Asie du Sud, tandis qu'en Europe ou en Amérique, l'égalité règne. En France, le taux d'analphabétisation est aujourd'hui de 1 %, soit le même niveau que tous les pays occidentaux.

b. Identifiez les temps verbaux et **justifiez** leur emploi.

2 **Relevez** les pronoms du texte, en indiquant les noms qu'ils remplacent.

Le Louvre en virtuel est vraiment génial pour les internautes ! D'une part, le musée leur offre la possibilité d'arpenter les salles depuis chez eux, à travers des visites virtuelles, lesquelles permettent de zoomer sur des œuvres expliquées comme lors d'une visite traditionnelle. D'autre part, il met également à disposition des passionnés des cours gratuits en ligne. Enfin, un dernier atout : proposer des vidéos pédagogiques pour les enfants afin que ceux-ci s'initient à l'art « en douceur ».

3 D'après le logo ci-dessous et vos connaissances, **indiquez** au moins trois avantages du site Wikipédia en utilisant des connecteurs logiques d'explication et d'énumération devant chaque argument.

Votre texte commencera par : *Wikipédia présente plusieurs avantages. En effet, cette encyclopédie en ligne…*

Wikipédia.

PARCOURS ORANGE

1 **Complétez** les propositions par des connecteurs conformes aux valeurs indiquées.

- La télévision est un média apprécié des 18-34 ans, … ils préfèrent Internet et les réseaux sociaux. → *Opposition*
- Gardons notre esprit critique face aux informations des réseaux sociaux, … elles peuvent relayer des infox ! → *Cause*
- Le gouvernement encourage les sites éducatifs … enrichir la culture des plus jeunes. → *But*
- … les informations soient plus accessibles grâce à Internet, cela ne garantit pas leur qualité. → *Concession*

2 **Relevez** les erreurs de cohésion et de cohérence dans le texte suivant et **corrigez**-les.

Pendant très longtemps la presse écrite représente pour ses lecteurs des papiers qu'il fallait tourner page après page. Mais demain les grands journaux sont des bi-médias, édités désormais aussi en version numérique. Ce choix s'est imposé à lui car les lecteurs sont de plus en plus attirés par les contenus en ligne. Certes, la version numérique permettait aussi aux journaux d'être réactifs sur l'information. Enfin, ses contenus en ligne proposent des photos et vidéos. Voilà comment elles espèrent être demain de nouveau à la page !

Vers le BAC PRO

Rédigez un texte argumenté dans lequel vous présenterez successivement les avantages et les inconvénients de la liseuse. **Veillez** à utiliser des procédés de cohésion pour rendre cohérent votre raisonnement.

Défendre, réfuter, nuancer une thèse

Observation

Au début d'un cours d'EMC sur l'information, la professeure demande à ses élèves d'exprimer leur opinion sur les journalistes. Ci-dessous trois réponses d'élèves.

CLÉA. « C'est vrai qu'en général les journalistes cherchent à donner des informations justes. En effet, ils sont obligés de croiser leurs sources. C'est un bon moyen pour éviter les *fake news*. Personnellement, j'aime bien me documenter sur d'autres pays et je lis souvent des reportages dans des magazines connus sur Internet. Je fais confiance aux journalistes. Grâce à eux, je voyage en restant chez moi ! »

NADER. « Je ne lis jamais de quotidiens ou de revues, même sur Internet, sauf quand on doit le faire pour des exposés… En fait, ce qui se passe dans le monde ne m'intéresse pas vraiment. On ne parle que de guerres, de virus… Ce n'est pas drôle. Je lis quelques infos très courtes sur mon portable, mais je ne vais pas plus loin. D'ailleurs, je ne fais pas vraiment confiance aux journalistes. Ils ne connaissent pas la vraie vie. »

CHIRINE. « Il est vrai que certains journalistes ont mauvaise presse (pardon pour le jeu de mots…), mais globalement ils respectent la déontologie de leur métier. Certes, ils traitent de sujets quelquefois difficiles à comprendre et, à la demande de leur rédaction, ils recherchent parfois avant tout le "scoop" qui augmentera leur audience. Cependant, que serait une démocratie sans le droit à s'informer librement ? Nous serions soumis constamment à de la propagande qui nous manipulerait. »

1. Formulez le thème du cours et la question posée.
2. Reformulez la thèse que présente chaque élève.
3. Qui soutient le travail des journalistes ? Qui le critique ? Qui adopte un point de vue nuancé ? Justifiez votre choix en analysant des procédés d'écriture. Voir le Mémo.

Mémo

Des procédés d'écriture

Pour défendre une thèse

- On argumente son opinion et/ou on approuve celle d'un(e) autre.
- **Procédés d'écriture :**

– Lexique valorisant.
– Modalisateurs d'adhésion.
– Phrases plutôt affirmatives avec des exclamations possibles.
– Modes verbaux indicatif et impératif fréquents.
– Interjections positives.
Bravo ! Nous partageons entièrement ce que vous défendez.

Pour réfuter une thèse

- On rejette l'opinion d'un(e) autre en argumentant, on s'y oppose.
- **Procédés d'écriture :**

– Lexique dévalorisant.
– Modalisateurs d'opposition.
– Phrases plutôt négatives avec des exclamations possibles.
– Modes verbaux indicatif et impératif fréquents.
– Interjections négatives.
Non ! Nous rejetons votre décision inadmissible.

Pour nuancer une thèse

- On concède la justesse de certains arguments sur l'opinion opposée à la sienne.
- **Procédés d'écriture :**

– Lexique plus abstrait et mesuré.
– Modalisateurs de concession.
– Phrases affirmatives ou avec des négations partielles. Peu d'exclamations.
– Mode verbal conditionnel.
– Peu ou pas d'interjections.
Certes, votre choix serait acceptable, mais il n'est guère adapté.

Pour faire le point

Illustrez chaque procédé du Mémo par des exemples de votre choix.

Exercices

PARCOURS BLEU

1 **a. Relevez** dans le texte les termes dévalorisants et les phrases négatives.

b. Remplacez-les par des mots valorisants et des phrases affirmatives, puis **identifiez** la visée de la nouvelle argumentation.

Je rejette catégoriquement l'argumentaire de l'orateur car son raisonnement est absurde. En effet, il ne s'appuie pas sur des arguments solides. Ceux-ci sont invérifiables et ils ne sont pas validés par des experts. Les recherches actuelles remettent en cause sa thèse considérée comme invraisemblable.

2 **Formulez** le thème et la thèse exprimés dans le texte : son auteur la défend-il ou la rejette-t-il ? Exprime-t-il un avis nuancé ? **Justifiez** votre choix par des procédés d'écriture.

Certes, certains jeux vidéo peuvent choquer par la violence de leurs images. On leur reproche d'abêtir leurs utilisateurs en suscitant des gestes souvent mécaniques et une addiction qui nuirait à leurs apprentissages scolaires.
Mais ce n'est pas tout à fait vrai. En effet, des chercheurs en sciences cognitives ont constaté que la pratique des jeux vidéo améliorerait les compétences de lecture de certains sujets. De plus, ces jeux nourriraient l'imaginaire des joueurs en enrichissant leur culture générale, comme c'est par exemple le cas dans les jeux dont l'intrigue est historique.

3 **Défendez** la thèse suivante : le cyberharcèlement est inacceptable. **Appuyez**-vous sur l'article de loi.

Le fait de harceler une personne par des propos ou comportements répétés, ayant pour objet ou pour effet une dégradation de ses conditions de vie se traduisant par une altération de sa santé physique ou mentale, est puni d'un an d'emprisonnement et de 15000 € d'amende lorsque ces faits ont causé une incapacité totale de travail inférieure ou égale à huit jours ou n'ont entraîné aucune incapacité de travail.

Article 222-33-2-2 du *Code pénal*.

PARCOURS ORANGE

Trouvez le thème et la thèse défendue par le philosophe André Comte-Sponville. **Caractérisez** les procédés qu'il utilise pour la soutenir et **donnez** des exemples.

Il est ridicule de se prendre au sérieux. Manquer d'humour, c'est manquer d'humilité, c'est manquer de lucidité, c'est manquer de légèreté, [...] c'est manquer par là, presque toujours, de générosité de douceur, de miséricorde[1].
Mais il y a rire et rire, et il faut distinguer ici l'humour de l'ironie. L'ironie n'est pas une vertu, c'est une arme – tournée, presque toujours, contre autrui. C'est le rire mauvais, sarcastique[2], destructeur, le rire de la moquerie, celui qui blesse, celui qui peut tuer [...]. L'ironie blesse, l'humour guérit. L'ironie peut tuer ; l'humour aide à vivre. L'ironie veut dominer ; l'humour libère. L'ironie est impitoyable ; l'humour est miséricordieux. L'ironie est humiliante ; l'humour est humble.

André Comte-Sponville, *Petit traité des grandes vertus*, © Presses universitaires de France, 1995.

1. Compassion. 2. Railleur.

Vers le BAC PRO

L'auteur de la caricature se moque d'une certaine forme de virilité masculine.

Pensez-vous que ce comportement a disparu aujourd'hui ? Vous **défendrez**, **réfuterez** ou **nuancerez** sa thèse implicite par un argumentaire convaincant.

Riad Sattouf, quatrième de couverture de *Pascal Brutal. Le mâle dominant*, Fluide glacial, 2007.

Confronter son vécu professionnel à des fictions

Projet

Certaines fictions donnent à voir le monde du travail : un cadre, une situation professionnelle, des personnages… qui peuvent être proches de ce que vous connaissez déjà de l'entreprise. Comment les relations humaines y sont-elles représentées ? Quelles réflexions ces fictions suscitent-elles en vous ?

Exploitez les documents ci-contre avec vos professeurs de français et de matière professionnelle, puis échangez vos réactions. Lisez ensuite, si vous le souhaitez, une fiction, et rendez-en compte.

Votre démarche

ÉTAPE 1 Lisez chaque texte et visionnez le film.

- Comparez les documents : genre, énonciation, écriture…
- Présentez l'activité des entreprises, le métier des personnages, les situations professionnelles décrites…
- Analysez les comportements, les ressentis, les rapports au travail.
- Dites ce qu'apportent les procédés de la fiction à la compréhension du monde du travail. Pour quelles visées ?

ÉTAPE 2 Échangez sur votre vécu en entreprise.

- La vision du monde du travail dans ces fictions correspond-elle à ce que vous connaissez de l'entreprise ?
- Avez-vous vécu des situations similaires ? Comment avez-vous réagi ?
- Échangez sur la qualité des relations humaines, les types de management… rencontrés dans vos entreprises d'accueil.

Pour chercher des textes sur le travail.

pdf Liste d'œuvres parlant du monde professionnel.

foucherconnect.fr/21f16

ÉTAPE 3 À votre tour…

- Choisissez une fiction, dites comment les relations humaines y sont représentées et quelles réflexions elle suscite.
- Restituez votre lecture sous la forme d'un court exposé, d'un abécédaire, d'un article, d'une bande-annonce, d'une mise en scène…

Quelques fictions sur le monde du travail

Toute filière

- *Raconter la vie*, collection de P. Rosanvallon en collaboration avec Le Seuil.
- *Petites natures mortes au travail*, Y. Pagès, 2007, Gallimard.

Industrie

- *À la ligne*, J. Ponthus, 2020, Gallimard.
- *L'Établi*, R. Linhart, 1981, Éditions de Minuit.
- Les ouvrages de F. Bon.

Tertiaire, services

- *Debout-payé*, Gauz, 2014, Nouvel Attila.
- *Une rose et un balai*, M. Simonet, 2015, Faim de siècle.
- *Stupeur et tremblements*, A. Nothomb, 1999, Le Livre de Poche.

COMPÉTENCES ▸ **côté français** • *Découvrir des œuvres de fiction sur les relations humaines dans l'entreprise.*
côté professionnel • *Confronter son expérience à celles présentées dans des fictions.*

Des exemples... de fictions sur le monde du travail

Doc. 1

Au petit matin, Giulia, la fille du patron, ouvre les portes de l'atelier de fabrication de perruques.

D'ordinaire, son père est le premier arrivé. Il tient à accueillir lui-même ses ouvrières – c'est ça, être le *padrone*, se plaît-il à répéter. Il a toujours un mot pour l'une, une attention pour l'autre, un geste pour chacune. Mais, aujourd'hui, il est parti en tournée chez les coiffeurs de Palerme[1] et des environs. [...]

La porte de l'entrée s'ouvre dans un grincement, et une joyeuse nuée emplit l'espace. En un instant, l'atelier s'anime, devient cet endroit bruyant que Giulia aime tant. Dans un brouhaha indistinct où les conversations s'entremêlent, les ouvrières se hâtent jusqu'au vestiaire où elles enfilent blouses et tabliers, avant de rejoindre leur place en bavardant. Giulia se joint à elles. Agnese a les traits tirés – son dernier fait ses dents, elle n'a pas dormi de la nuit. Federica retient ses larmes, son fiancé l'a quittée. [...] Giulia a grandi là, entre les cheveux à démêler, les mèches à laver, les commandes à expédier. Elle se souvient des vacances et des mercredis passés parmi les ouvrières, à les regarder travailler. Elle aimait observer leurs mains en train de s'activer telle une armée de fourmis. Elle les voyait jeter les cheveux sur les cardes, ces grands peignes carrés, pour les démêler, puis les laver dans la baignoire fixée sur des tréteaux – un ingénieux bricolage de son père, qui n'aimait pas voir ses employées s'abîmer le dos.

1. Capitale de la Sicile.

LAËTITIA COLOMBANI, *La Tresse*,
© Éditions Grasset & Fasquelle, 2017.

Des ouvrières dans un atelier ◥

Doc. 2

Mauro, un jeune homme passionné de cuisine, vient d'accepter un travail non rémunéré dans un restaurant d'excellence, en échange de sa formation.

Un matin, au beau milieu du service, Mauro reçoit en pleine figure une cuillère à pommes parisienne en métal – il n'a pas choisi le bon diamètre pour lever les billes de pommes. Le choc le surprend, il pousse un cri, vacille, son nez saigne, il jette autour de lui un coup d'œil circulaire : chacun s'active en silence, il ne croise aucun regard. De son poste, le chef lui crie de ne pas faire le malin et de tout reprendre fissa comme il lui a demandé, c'est quand même pas compliqué. Mauro desserre les doigts, lâche son ustensile – un économe –, s'essuie le nez d'un revers de la main, s'essuie les paumes des mains sur son tablier à hauteur du thorax, puis rassemble ses outils couteau, les lave lentement, les essuie avec soin, les range dans leur étui, déboutonne sa blouse tandis que autour de lui certains maintenant ralentissent, lui jettent des coups d'œil par en dessous, mais sans moufter, sans s'interrompre, puis, toujours calme, il saisit son étui et traverse la cuisine en direction de la porte, passe devant le chef qui maintenant lui tourne le dos et continue d'agir comme s'il n'avait rien vu, comme s'il ne voyait rien, quand, à l'instant de quitter la salle, Mauro laisse traîner une main sur le plan de travail, laquelle entraîne dans son sillage un grand bol en inox qui rebondit avec fracas sur le sol tandis que la porte bat derrière lui.

MAYLIS DE KERANGAL, « Un commis de cuisine »,
in *Un Chemin de tables*, © Éditions Seuil – Raconter la vie, 2016.

Un commis de cuisine ◥

Doc. 3

Regardez le court-métrage

vidéo
L'Emploi, court-métrage de l'artiste argentin Santiago Bou Grasso.
foucherconnect.fr/21f17

◤ Un employé dans une grande entreprise dans le film d'animation *L'Emploi*.

Interpréter une enquête sur le travail et ses évolutions

Projet

Le monde du travail subit de profondes mutations, régulièrement analysées dans des études et des essais. En quoi ces travaux vous font-ils réfléchir sur les évolutions des métiers et des entreprises, ainsi que sur vos capacités d'adaptation à un environnement professionnel nouveau ?

Interprétez l'étude présentée ci-contre avec vos enseignants. Réalisez ensuite un sondage dans votre classe en répondant à votre tour aux questions posées lors de l'enquête et comparez les résultats.

Votre démarche

ÉTAPE 1 — Analysez les résultats de l'étude (doc. 1).

- Qui a été interrogé ? Quand ? Sur quel sujet ? Par qui ? Dans quel but ?
- Question A : comment les sondés se représentent-ils les mutations à venir ? Quelles sont leurs attentes ?
- Question B : les 18-30 ans subissent-ils les mutations du monde du travail ou veulent-ils en être les acteurs ?
- Question C : quelles évolutions disent-ils craindre ? Lesquelles seraient une chance pour eux ?

ÉTAPE 2 — Faites la synthèse de vos observations.

- Brossez le portrait des jeunes sondés face à leur avenir professionnel : leurs motivations, leurs valeurs, leurs priorités, leur rapport au travail et à la hiérarchie…

ÉTAPE 3 — Analysez la caricature (doc. 2).

- À quelle question de l'enquête pouvez-vous la relier ? Quelles mutations illustre-t-elle ? Qu'en dit-elle ?
- La scène reflète-t-elle les conclusions de l'enquête ?

ÉTAPE 4 — Réalisez un sondage dans la classe, à l'aide de l'encadré.

- Comparez vos résultats avec ceux de l'enquête que vous avez étudiée.
- Engagez la discussion et argumentez vos points de vue.

Pour organiser un sondage

Le questionnaire

Chaque élève répond individuellement aux questions posées lors de l'étude présentée ci-contre.

Le dépouillement

- Prenez en charge, par groupe, le traitement d'une question.
- Présentez les résultats à l'aide de graphiques, en veillant à leur bonne lisibilité.

La lecture des résultats

Lisez et interprétez, devant la classe, les résultats de chaque question.

Un exemple… d'enquête sur le travail et ses évolutions

Doc. 1

Les jeunes de 18 à 30 ans face à un travail en mutation ◢

QUESTION A

À votre avis, qu'est-ce qui va changer en priorité ? Et selon vous, qu'est-ce qui devrait changer en priorité ?

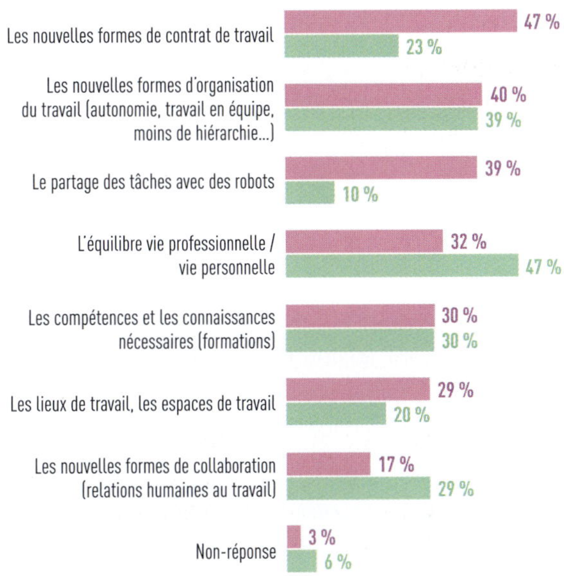

QUESTION B

Diriez-vous que dans les années à venir :

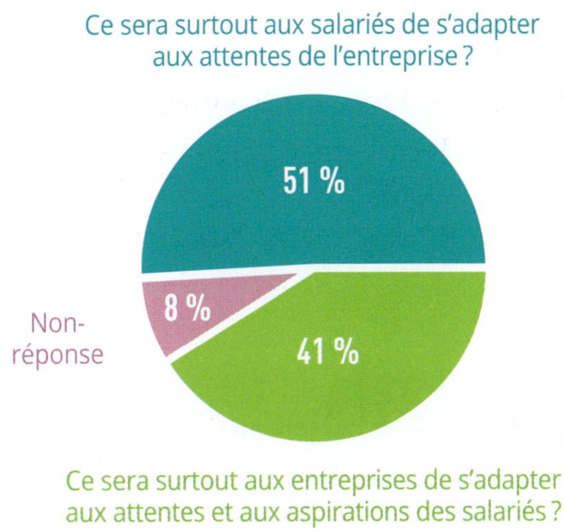

Lisez l'ensemble de l'étude

site internet
« Les jeunes de 18 à 30 ans face à un travail en mutation », étude Viavoice.
foucherconnect.fr/21f18

QUESTION C

Diriez-vous que chacune des évolutions suivantes au sein du monde du travail est pour votre avenir professionnel :

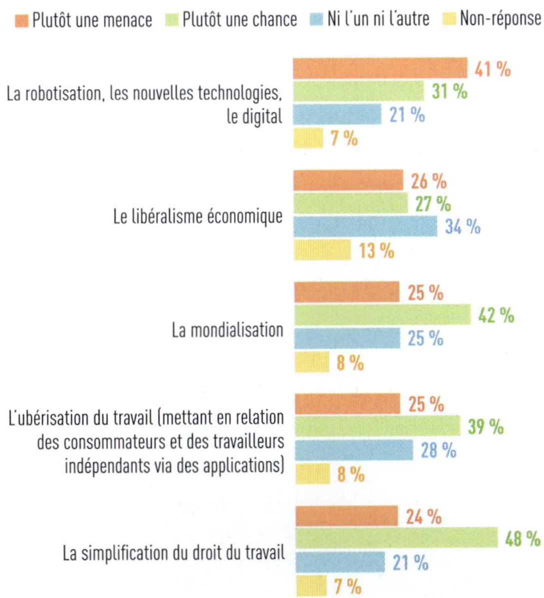

Une étude Viavoice-Manpower Group, en partenariat avec *Les Échos Start*, mai 2017 (interviews en ligne sur un échantillon de 1 003 personnes).

Doc. 2

◣ Une caricature

Dessin d'Ucciani.

Écrire et jouer des saynètes professionnelles

Projet

En entreprise, selon le métier que vous apprenez, vous êtes amené(e) à communiquer à l'oral avec votre hiérarchie, vos collègues, la clientèle… Dans certaines situations, il vous est parfois difficile d'adapter votre comportement. Aidé(e)s par vos professeur(e)s de français et d'enseignement professionnel, décryptez les écueils des communications professionnelles ci-contre.

Rédigez ensuite un dialogue qui montre une communication réussie, puis entraînez-vous lors de jeux de rôle. Filmez-vous pour vous perfectionner !

Votre démarche

Étape 1 – Analysez les exemples (textes et images).

- Décryptez chaque situation de communication : métier, personnes impliquées, contexte…
- Situez la difficulté de communication à surmonter.
- Suggérez les savoir-faire à mettre en œuvre pour réussir une communication efficace :
  • dans le doc. 1, que peut répondre Hugo à sa cliente ?
  • dans les docs 2 et 3, comment Emma, Lisa et Julien auraient-ils pu désamorcer un conflit naissant ?

Étape 2 – Rédigez des dialogues, en binômes.

- Pour les idées et la méthode, aidez-vous des encarts.

Étape 3 – Organisez des jeux de rôle.

- Mémorisez et jouez votre dialogue. Vous pouvez parfois improviser !
- Collectivement, évaluez votre prestation orale : la pertinence et/ou les faiblesses de votre scénario, la qualité de la relation établie entre les personnages…
- Écoutez les suggestions, pour, éventuellement, improviser un nouveau dialogue qui rendra la communication plus efficace.

Écrire et jouer un dialogue

L'invention du scénario

- Formulez une situation-problème : excuse, justification, demande particulière, discorde…
- Définissez le contexte professionnel.
- Choisissez des interlocuteurs et des témoins éventuels : en interne (responsable, collègues…) ou en externe (client, fournisseur…).

L'écriture du dialogue

Rédigez quelques répliques qui résolvent le problème en établissant une relation positive : les interlocuteurs doivent s'écouter, s'observer, admettre leurs torts, modérer leurs propos…

COMPÉTENCES ▶ **côté français** • *Écrire et jouer un dialogue théâtral.* • *S'entraîner à argumenter à l'oral.*
côté professionnel • *Définir, analyser et résoudre une situation.* • *S'entraîner à communiquer en situation.*

Des exemples... de dialogues en situation professionnelle

Face à une cliente, à la caisse d'un supermarché

Doc. 1

HUGO. – Bonjour ! Je me permets de vous signaler que cette caisse est prioritaire.
LA CLIENTE. – Et c'est écrit où, ça ?
HUGO (*gentiment*). – Juste là, en face de vous !
LA CLIENTE. – Vous auriez pu m'le dire plus tôt !
HUGO (*surpris*). – Pardon ?
LA CLIENTE. – Écoutez, j'ai déjà vidé tous mes sacs, et en plus je suis pressée, alors faites ce pour quoi vous êtes payé s'il vous plaît !

Doc. 2

M. ROLAND. – Emma, vous êtes encore arrivée en retard ce matin. Ça fait deux fois cette semaine !
EMMA. – Il y a des travaux sur mon trajet.
M. ROLAND. – Puisque vous le savez, vous pourriez partir plus tôt de chez vous !
EMMA. – Déjà que j'me lève à sept heures !
M. ROLAND. – Puisque vous le prenez sur ce ton, vous avez intérêt à être sur le chantier demain matin à 8 h, sinon on ira ensemble voir le patron.

Face à un responsable hiérarchique, sur un chantier

Doc. 3

Face à un(e) collègue, dans un service commercial

LISA (télévendeuse). – Tu as encore fait des remises aux clients sur les prix que je leur ai donnés au téléphone ! Il est au courant le chef ?
JULIEN (commercial). – Je les connais quand même mieux que toi les clients. Je suis sur le terrain, moi !
LISA. – Oui mais moi, je ne suis plus crédible !
JULIEN. – Arrête ! Pour quelques ristournes !
LISA. – On est censés travailler en binôme ! Flûte !
JULIEN. – Et ben vas-y, va pleurer auprès du chef !

Des idées de situations-problèmes pour vos scenarii

- Vous avez une explication avec un ou une collègue qui ne vous parle plus.
- Vous vous justifiez car vos collègues vous reprochent d'instiller une mauvaise ambiance.
- Vous réagissez, au téléphone, à l'appel d'un client mécontent.
- Vous demandez à votre chef une autorisation d'absence, en période d'intense activité.
- Vous vous justifiez auprès de votre responsable qui est déçu par votre travail.
- Vous êtes confrontés, en équipe, à des collègues d'un service différent avec qui vous ne vous entendez pas...

Chef-d'œuvre

Créer des chefs-d'œuvre pour un cabinet de curiosités professionnelles

Un projet collaboratif, pluridisciplinaire et modulable

Descriptif du projet

Quoi ?

Créer un **cabinet de curiosités** exposant les différents chefs-d'œuvre des élèves représentatifs d'une ou plusieurs filières professionnelles de leur établissement.

Qui ?

Les **élèves** de la ou des filières professionnelles concernées, leurs **professeur(e)s d'enseignement professionnel** et de **lettres/histoire-géographie**.

Dans quels buts ?

Ce cabinet de curiosités **mettra en valeur les créations matérielles ou immatérielles** des élèves réalisées pour clore leur formation professionnelle. Ces créations devront séduire par leur diversité et leur inventivité les visiteurs, le personnel et les élèves de l'établissement.

Où ?

Le cabinet de curiosités se situera dans une salle spécifique ou dans une vitrine.

Avec quels objectifs d'apprentissage ?

- **En français :** découvrir l'historique des cabinets de curiosités et les analyser.
- **En français et en enseignement professionnel :** caractériser et choisir les chefs-d'œuvre ; rédiger leur fiche de présentation.
- **Durant la formation professionnelle :** réaliser seul(e) ou à plusieurs ces créations selon les compétences professionnelles visées et leur planification chronologique.
- **Pour le baccalauréat professionnel :** s'entraîner à l'épreuve orale sur le chef-d'œuvre (présentation et entretien individuels avec un jury).

Comment ?

Un **tableau de bord** avec les entrées ci-dessous, complété régulièrement, permettra de suivre les étapes de la production :
- objectifs,
- activités,
- responsable,
- ressources humaines,
- ressources matérielles et financières,
- partenaires,
- calendrier,
- évaluation.

Qu'est-ce qu'un chef-d'œuvre ?

- « C'est un moment et un objet de formation exceptionnels dans le parcours de l'élève contribuant à sa motivation et à son développement personnel. »
- « La réalisation fait nécessairement appel à différentes disciplines d'enseignement professionnelles et générales. »
- « Un projet collaboratif sera donc un chef-d'œuvre collectif ou l'addition de plusieurs chefs-d'œuvre individuels ou collectifs. »
- « Cette réalisation concrète peut prendre toute forme (matérielle ou immatérielle) comme la conception et la réalisation d'un produit fini (en bois/métal/papier/tissu...), d'un texte, d'un journal, d'un site internet, d'un film, de planches créatives ou de tendances, d'un carnet de route [...]. »
- « Les enseignements généraux aident à l'abstraction et à la culture sous tous ses aspects (littéraire, linguistique, artistique, scientifique, historique, sportif, professionnel...). »

Extraits du *vade-mecum* «La réalisation du chef-d'œuvre», Eduscol.

Découvrir des cabinets de curiosités

Doc. 1 ***Le Cabinet de curiosités*** **de Léonard de Vinci**

Château du Clos Lucé, Amboise.

Bref historique

- **Du** xvie **au** xixe **siècle** se développent les cabinets de curiosités. Leurs créateurs collectent et présentent des productions de la nature et de l'homme suscitant l'émerveillement et/ou la curiosité scientifique.
Le terme « cabinet » désigne un espace dans une pièce ou un meuble.
- **Depuis le** xxe **siècle,** sous l'influence des artistes surréalistes, les cabinets de curiosités sont à la mode. À la différence des musées et des expositions, les créations sont hétéroclites et disposées sans organisation réelle.

Doc. 2 ***Le Mur*** **de l'artiste surréaliste André Breton, 1922-1966**

Paris, Centre Pompidou, Musée national d'art moderne, Centre de création industrielle.

À vous d'agir

1. Observez les cabinets de curiosités et montrez leurs points communs et leurs différences : lieu de présentation, choix des objets, liens avec leur époque de création.
2. Selon vous, s'agit-il d'un mode d'expression uniquement « de soi/pour soi » ? Justifiez.
3. Comment vous représentez-vous le cabinet de curiosités correspondant à votre filière professionnelle ? Répondez en une dizaine de lignes et conservez votre écrit.

En français et en enseignement professionnel
Choisir les chefs-d'œuvre et rédiger leur fiche de présentation

Doc. 1 **Comme les Compagnons du Devoir du Tour de France**

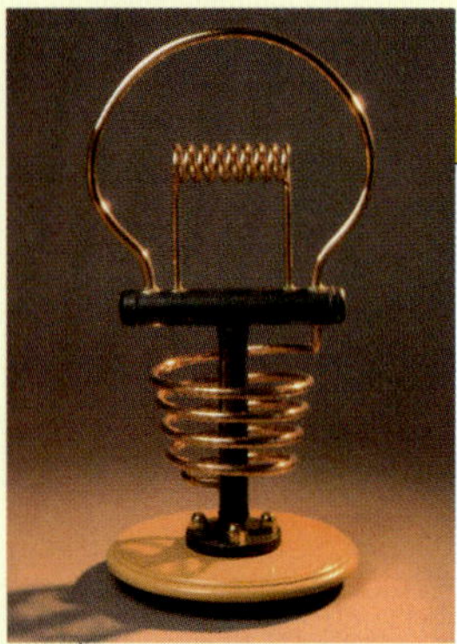

◥ Tours, Musée du compagnonage.

Filament d'ampoule en tubes de cuivre

Le filament d'ampoule est un travail de cours réalisé par un jeune plombier chez les Compagnons de ce métier. Les tubes de cuivre cintrés et spiralés sont montés sur des tuyaux en acier.
Les Maisons des Compagnons forment à 28 métiers, du CAP à la licence professionnelle. Les chefs-d'œuvre des Compagnons visent l'excellence.

Doc. 2 **À la manière des artistes surréalistes**

Une chaise musicale

Ce siège en bois a été réalisé avec des pans de contrebasse. Joue-t-il une jolie musique quand on s'assoit ?
Les artistes surréalistes, dès les années 1920, se sont amusés à détourner des objets du quotidien pour stimuler l'imaginaire du public.

Arman (1928-2005), fauteuil en bois, 1980. Collection privée. ◥

Doc. 3 **Avec des photos-souvenirs pour les créations éphémères**

◥ Des œuvres en chocolat réalisées par des apprentis, Bordeaux, 2013

Le défilé de mode d'une classe de bac pro couture ◤

Les chefs-d'œuvre d'un cabinet de curiosités professionnelles

- **Les chefs-d'œuvre**
Ils représentent une **filière professionnelle** précise.
Ils témoignent de **savoirs** et **savoir-faire** culturels et professionnels.
- **Les créations matérielles**
Ce sont des objets concrets fabriqués par un(e) ou plusieurs élèves.
Ils peuvent être pratiques, esthétiques, humoristiques…
- **Les créations immatérielles**
Ce sont des réalisations numériques, des spectacles, de l'évènementiel, etc.
Elles peuvent être évoquées dans le cabinet par un texte, des photos, une bande-son, un montage-vidéo sur écran d'ordinateur, un recueil…
- **Les fiches de présentation**
Elles accompagnent les chefs-d'œuvre et mentionnent l'identité du ou des créateurs, la classe, la filière professionnelle, le titre de la création, les objectifs et les conditions de réalisation.

À vous d'agir

1. À quels types de chefs-d'œuvre et filières professionnelle correspondent les exemples ?

2. Listez collectivement, selon votre filière professionnelle, les différents chefs-d'œuvre que vous souhaiteriez exposer dans le cabinet de curiosités. Justifiez vos choix et débattez-en avec vos professeur(e)s. Élaborez ensuite un planning avec votre professeur(e) d'enseignement professionnel.

3. Une fois vos chefs-d'œuvre achevés, rédigez leur fiche de présentation avec les entrées proposées dans l'encadré. Harmonisez la maquette et le contenu de ces fiches.

Évaluer la prestation orale

Doc. Le document officiel sur les critères d'évaluation de l'épreuve orale du chef-d'œuvre

Capacités	Critères
Capacité à restituer le travail mené dans le cadre de la réalisation du chef-d'œuvre	• L'identification claire, précise et restituée objectivement des points suivants : objectifs du projet, étapes, acteurs, part individuelle investie dans le projet. • La hiérarchisation correcte des informations délivrées pour introduire le sujet. • La clarté de la présentation et la pertinence des termes utilisés. • Le respect des consignes données sur le contenu exigé de la présentation. • L'autonomie d'expression par rapport au support de présentation orale du chef-d'œuvre.
Capacité à analyser sa démarche et à la situer dans le métier et la filière professionnelle	• L'identification des difficultés rencontrées et de la manière dont elles ont été dépassées ou non. • La mise en avant des aspects positifs ou présentant les difficultés rencontrées au long du projet. • La mise en perspective de l'expérience tirée du chef-d'œuvre dans le cadre plus large du contexte économique, culturel, de la filière métiers concernée. • L'émission d'un avis ou ressenti personnel sur le chef-d'œuvre entrepris. • La mise en exergue de la pertinence du chef-d'œuvre par rapport à la filière métier du candidat. • Au travers de la réalisation du chef-d'œuvre, l'identification des enjeux de transition écologique et/ou numérique, dans le champ de sa spécialité de baccalauréat.

Bulletin officiel de l'Éducation nationale, n° 41, 29 octobre 2020.

À vous d'agir

1. Explicitez certains critères de la grille qui vous semblent difficiles à comprendre.
2. Reformulez par écrit ce que vous devez faire (et ne pas faire) pour réussir l'épreuve.
3. En cours de français, entraînez-vous à cette épreuve une fois votre chef-d'œuvre terminé. Vous pourrez réaliser des jeux de rôles, un élève jouant le ou la candidate, et deux autres élèves les membres du jury. Vos camarades et votre professeur(e) évalueront votre prestation en se référant au document officiel.

L'évaluation du chef-d'œuvre

• **Présentation orale et individuelle** du chef-d'œuvre, même s'il est collectif. → *5 min*
Appui possible sur un dossier non noté (5 pages maximum).

• **Entretien** → *10 min*
Le jury est composé de deux enseignants du professionnel et du général. L'un d'eux a participé directement à la réalisation du chef-d'œuvre.
→ *Durée totale : 15 min*

• **Notation globale : … / 20**
– 50 % de la note durant la réalisation du chef-d'œuvre.
– + 50 % de la note pour l'épreuve orale.

Travailler moins, est-ce vivre mieux ?

Analysez la question

Quelques définitions (dictionnaire *Le Robert*) :

- **Travailler** (*verbe intransitif*) :
  - Agir de manière suivie, avec plus ou moins d'effort, pour obtenir un résultat utile.
  - Exercer une activité professionnelle, un métier.
- **Travail** (*nom masculin*) : ensemble des activités humaines organisées, coordonnées en vue de produire ce qui est utile ; activité productive d'une personne.

Les problèmes en jeu

Quelles **conditions de travail** rendent possible le **bonheur** ?

La **quantité de travail** influe-t-elle sur la **qualité de la vie** ?

Un « **moins** » (quantité) peut-il apporter un « **mieux** » (qualité) ?

Mieux que les autres (ceux qui travaillent plus que moi) ?

Mieux qu'avant, lorsque le travail était central dans ma vie ?

« Mieux » est le **comparatif** de « bien » : mieux que qui/quoi ?

Travailler moins, est-ce vivre mieux ?

Qu'est-ce que **vivre mieux** ?

Assouvir tous mes **désirs**, sans entraves ?

Mais comment vivre bien en société si chacun fait ce qu'il veut ?

Gagner plus d'**argent** ?

Mais si mon travail est salarié, je gagne moins en travaillant moins !

Avoir du **temps** pour moi ?

Mais est-ce que ma vie commence quand cesse mon travail ?

Pistes de réflexion

- Dans la question posée, quels mots semblent s'opposer ?
- Qu'en pensez-vous personnellement ? Notez votre réponse par écrit et conservez-la.
- La question a été celle d'un sujet de philosophie au bac. Écoutez la chronique du journaliste qui propose une correction. Qu'en retenez-vous ?

Visionnez la chronique d'un journaliste.

vidéo

« Travailler moins, est-ce vivre mieux ? » La réponse d'un économiste.

foucherconnect.fr/21f19

Contextualisez la question

Doc. 1 *Les origines du mot « travail »*

Le mot « travail » véhicule dans son étymologie et ses usages l'idée de souffrance. *Tripalium*, d'où « travail » est né, était en latin le triangle de bois qui maintenait tranquilles les bêtes difficiles à marquer ou à ferrer. Le travail du bourreau était singulièrement la torture qu'il infligeait aux prisonniers. Quant à celui de la femme enceinte, il désignait les douleurs de l'enfantement (la femme « en travail »). La Bible fait du travail la conséquence du péché originel, et la Grèce antique établit un lien si étroit entre le travail et l'esclavage que la liberté y est inséparable du loisir.

Christian Godin, « Les contradictions du travail », in *100 fiches pour aborder la philosophie*, © Bréal, 1998.

Doc. 2 *Un témoignage*

Sylvain Saïd, 47 ans : « Je voulais faire le vide »

« Aide-soignant à temps complet depuis près de vingt ans, je travaille à mi-temps depuis juin dernier. […]

J'ai eu envie de me consacrer davantage à ma vie privée, à des choses essentielles de la vie. Je voulais faire le vide de ce boulot qui est assez difficile – les conditions de travail ne s'étant pas améliorées ces dernières années. […]

Ma perte de revenus […] est largement compensée par une vie emplie de joies du quotidien. Je fais de la musique, je compose, je m'occupe des vaches de ma compagne, j'écris… »

Émilie Brouze, « Ils ont choisi de travailler moins pour profiter de la vie », *L'Obs avec Rue 89*, 18 novembre 2016.

Doc. 3 *Les bienfaits du travail à temps partiel ?*

Illustration de Miss Lilou

Doc. 4 *Demain, la semaine de 32 heures ?*

Manifestation intersyndicale en 2016.

Pistes de réflexion

- **Doc. 1** Quelle est l'étymologie du mot « travail » ? À quelle notion le mot est-il originellement associé ?
- **Docs 2 et 3** Quelles sont les conséquences du travail à temps partiel sur les plans économique et personnel ? Dans le témoignage et le dessin, la réduction du temps de travail permet-elle de vivre mieux au quotidien ?
- **Doc. 4** Revoyez vos cours d'histoire de première sur « Hommes et femmes au travail ». Comment a évolué le temps de travail en France depuis le XIXe siècle ? Pensez-vous, comme certains syndicats aujourd'hui, qu'il faut encore abaisser la durée hebdomadaire du travail ?

Préparez le débat

Divisez la classe en deux groupes. Le premier groupe étudiera les documents de cette page, tandis que le second groupe prendra connaissance de ceux de la page 89. Chacun cherchera des arguments pour soutenir la thèse mise en avant.

Thèse A : oui, il faut travailler moins si le travail est source d'aliénation

Le travail, « sacrifice de la vie » (Karl Marx)

*Le philosophe Karl Marx (1818-1883) a dénoncé dans les sociétés capitalistes le « travail aliéné » des ouvriers. Selon lui, ceux-ci sont dépossédés de leur travail qui profite seulement aux patrons. Ses écrits (*Le Manifeste du Parti communiste*, 1848, et* Le Capital*, 1867) ont influencé les mouvements révolutionnaires du XXe siècle.*

Le travail est donc une marchandise que son possesseur, le salarié, vend au capital[1]. Pourquoi le vend-il ? Pour vivre.

Mais le travail est aussi l'activité vitale propre au travailleur, l'expression personnelle de sa vie. Et cette *activité vitale*, il la vend à un tiers[2] pour s'assurer les *moyens nécessaires à son existence*. Si bien que son activité vitale n'est rien sinon l'unique *moyen* de subsistance. Il travaille pour vivre. Il ne compte point le travail en tant que tel comme faisant partie de sa vie ; c'est bien plutôt le sacrifice de cette vie. [...] Ce qu'il produit pour lui-même, ce n'est pas la soie qu'il tisse, l'or qu'il extrait de la mine, le palais qu'il élève. Ce qu'il produit pour lui-même c'est le *salaire* ; et la soie, l'or, le palais se réduisent pour lui à une certaine quantité de moyens de subsistance, tels qu'une veste de coton, de la menue monnaie et le sous-sol où il habite. Voilà un ouvrier qui, tout au long de ses douze heures[3], tisse, file, perce, tourne, bâtit, creuse, casse ou charrie des pierres. Ces douze heures de tissage, de filage, de perçage, de travail au tour ou à la pelle ou au marteau à tailler la pierre, l'ouvrier les considère-t-il comme une expression de son existence, y voit-il l'essentiel de sa vie ? Non, bien au contraire. La vie commence pour lui quand cette activité prend fin, à table, au bistrot, au lit. Les douze heures de travail n'ont pas de sens pour lui en ce qu'il les passe à tisser, à filer, à tourner, mais en ce qu'il gagne de quoi aller à table, au bistrot, au lit.

Karl Marx, *Travail salarié et capital*, 1849, traduit par M. Rubel et L. Évrard, recueilli dans *Œuvres*, édition de M. Rubel, Bibliothèque de La Pléiade,

1. Ensemble des moyens de production (machines, équipements...), eux-mêmes produits d'un travail antérieur.
2. Une autre personne : ici, le « bourgeois » qui détient le capital.
3. En 1848, la durée journalière du travail est de 12 heures maximum – y compris pour les enfants de 12 à 16 ans.

Un exemple actuel de travail à la chaîne

▲ Employés dans une usine chinoise de fabrication de jouets.

Pistes de réflexion

- Cherchez la définition du mot « aliénation » et le sens que le philosophe Karl Marx donne à ce terme.
- Pourquoi le travail est-il comparé à une « marchandise » ? À qui appartiennent les biens produits par l'ouvrier ?
- Quand la vie de l'ouvrier commence-t-elle vraiment ?
- Observez la photo. Quelle image donne-t-elle du travail ?

Thèse B : non, pour vivre mieux, il ne s'agit pas de travailler moins, mais de travailler autrement

Des exemples de conditions de travail épanouissantes

vidéo
Le bonheur au travail, documentaire de Martin Meissonnier, 2014.
foucherconnect.fr/21f20

Le documentaire *Le bonheur au travail* examine plusieurs solutions concrètes menées par différentes entreprises pour améliorer le quotidien des salariés.

Le bonheur au travail ?

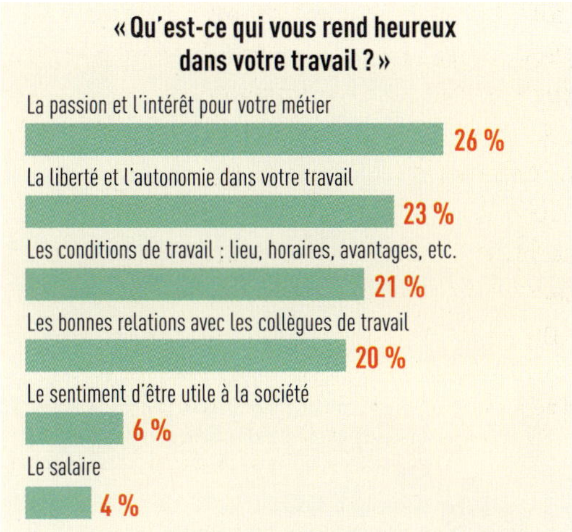

▲ Sondage Ifop pour *Le Pèlerin*, « Les Français et le bonheur au travail », J. Fourquet et J.-P. Dubrulle, 2016.

« La civilisation du bien-vivre » (Paul Ariès)

Paul Ariès est politologue et rédacteur en chef du mensuel Les Zindigné(e)s.

Dans votre conférence, outre l'avenir du travail, vous aborderez la « civilisation du bien-vivre »... C'est-à-dire ?

Nous sommes face à une véritable crise de civilisation. Nous devons donc inventer un nouveau paradigme[1] dominant. Cela ne sera pas simple car cette société du toujours plus nous fait jouir. Il y a de la jouissance à consommer toujours plus, à aller toujours plus vite ! Il s'agit cependant d'une mauvaise jouissance car fondée sur l'emprise, sur la domination. Nous ne pourrons cependant en finir avec cette jouissance d'avoir que si nous sommes capables de lui opposer une autre forme de jouissance, encore plus jouissive. La seule alternative, c'est de se souvenir que l'être humain est d'abord un être social, c'est donc de mettre la fabrique de l'humain au cœur de la cité, c'est d'avancer vers la jouissance d'être. C'est ce que défend le slogan « Moins de biens mais plus de liens » et c'est ce qui s'invente mondialement derrière cette notion de bien-vivre opposé au bien-être au sens occidental. En Amérique du Sud, on parle de « *buen vivir* », en Afrique de « plus vivre », en Inde de « vie pleine ».

***L'Alsace*, 8 mai 2018, propos de Paul Ariès recueillis par Véronique Berkani.**

1. Un modèle, une représentation du monde.

Pistes de réflexion

- Décrivez les expériences menées par les entreprises dans le documentaire. Quelles valeurs sont mises en avant dans les relations professionnelles ?
- Êtes-vous surpris(e) par les réponses données par les Français dans le sondage ?
- Qu'est-ce que le « bien-vivre » selon Paul Ariès ?

Pour débattre

Organisez un atelier philo !

Étape 1. Disposez les tables en cercle afin que chacun puisse se voir.

Étape 2. Désignez un animateur qui aura pour rôle de distribuer la parole et un rapporteur qui prendra en note les échanges.

Étape 3. Débattez ! Écoutez-vous, respectez les avis de chacun. Donnez des arguments et des contre-arguments pour soutenir votre propos.

Étape 4. À l'issue de la discussion, rédigez individuellement une conclusion. Relisez la réponse notée avant le débat. Avez-vous changé d'avis ?

Se préparer au bac pro

Montage photographique de Juana Mari Moya.

Méthode BAC PRO 1

Découvrir l'épreuve écrite du bac pro

A. L'ensemble du sujet d'examen

Texte 1

Dans Les Villes invisibles, *le romancier Italo Calvino décrit une série de cités imaginaires. Leonia est l'une d'elles.*

Sur les trottoirs, enveloppés dans des sacs en plastique impeccables, les restes de la Leonia d'hier attendent la benne à ordures. Pas seulement des tubes de dentifrice écrasés, des ampoules grillées, des journaux, des boîtes, des matériaux d'emballage, mais aussi des radiateurs de salle de bains, des encyclopédies, des pianos, des services de porcelaine : c'est moins à partir des choses qui sont chaque jour fabriquées vendues et achetées qu'on mesure l'opulence de Leonia qu'au regard des choses qui tous les jours se trouvent jetées pour faire de la place aux neuves. C'est au point qu'on se demande si la véritable passion de Leonia est vraiment, comme on le raconte, la jouissance de choses nouvelles et différentes, ou si elle n'est pas plutôt d'expulser, d'éloigner, de se défaire d'une impureté récurrente. Ce qui est certain, c'est que les éboueurs sont accueillis comme des anges, et que leur mission qui consiste à remiser les restes de l'existence d'hier est entourée d'un respect silencieux, comme un rite qui inspire de la dévotion, ou peut-être est-ce simplement parce qu'une fois qu'on a jeté tout ça personne ne veut plus avoir à y penser.

Où les éboueurs portent chaque jour leur chargement, nul ne se le demande : hors de la ville, la chose est entendue ; mais chaque année la ville s'agrandit, et les immondices doivent reculer plus loin ; l'importance de la production augmente et les piles s'élèvent, se stratifient, se déploient sur un territoire plus vaste. Ajoute que plus l'art de Leonia excelle à fabriquer de nouveaux matériaux, plus les ordures améliorent leur substance, résistent au temps, aux intempéries, aux fermentations et aux combustions. C'est une forteresse de détritus indestructibles qui entoure Leonia, la domine de tout côté, comme un cirque de montagnes.

Voici le résultat : plus Leonia expulse de choses, plus elle en accumule ; les écailles de son passé se soudent en une cuirasse qu'on ne peut plus enlever ; se renouvelant tous les jours la ville se conserve tout entière elle-même dans sa seule forme définitive : celle des ordures de la veille qui s'accumulent sur les ordures de l'avant-veille et de tous les jours, années, lustres.

Les ordures de Leonia finiraient peu à peu par envahir le monde, si sur la décharge infinie ne pressaient, au-delà de la dernière crête, les décharges des autres villes qui elles aussi rejettent loin d'elles des montagnes de déchets. Peut-être le monde entier, par-delà les frontières de Leonia, est-il recouvert de cratères de déchets, chacun avec au centre une métropole en éruption ininterrompue.

Italo Calvino, « Les villes continues », in *Les Villes invisibles*, traduit par Martin Rueff,

Texte 2

Pascale Hugues a été correspondante du quotidien Libération *à Berlin. Écrivaine et journaliste, elle s'est fait connaître pour sa rubrique «Mon Berlin», publiée dans* Le Point *et son premier livre* Le Bonheur allemand. *L'autrice y décrit avec malice ce qui fonde nos différences avec nos voisins germaniques.*

Je m'étais pourtant bien jurée : les poubelles jamais ! Disserter sur le système de tri des déchets en Allemagne, c'est abdiquer au cliché le plus rudimentaire, faire une concession au folklore le plus exaspérant, alimenter bêtement le registre des poncifs[1] sur ce pays, qui oscille encore et toujours entre la fête de la bière, le carnaval et le goût de la discipline. [...]

Ici, le triage des ordures est un métier en soi, une occupation à plein temps. Cette activité délicate nécessite des qualités dont malheureusement je ne dispose pas : un esprit cartésien[2], un sens aigu de l'organisation, une discipline de fer, une mémoire d'éléphant, une grosse dose de civisme et une bonne volonté sans faille. Mais je me donne de la peine. J'ai appris à déshabiller avec application les petits pots de yaourt bio de leur manteau de papier et à séparer : le pot dans la poubelle de droite, le manteau dans celle de gauche. Je ne jette plus jamais une pile, mais dépose ces petites bombes toxiques dans le conteneur prévu à cet effet de la droguerie du coin. Les médicaments périmés retournent à la pharmacie. Un cageot de bouteilles vides d'eau minérale voyage en permanence dans le coffre de ma voiture.

Incartade. Bien sûr, je me permets, de temps en temps, une petite incartade – histoire de ne pas sombrer dans la névrose compulsive. Et hop, une boîte de sauce tomate en aluminium avec les épluchures de pommes de terre. Un sachet plastique clandestin glissé parmi les vieux journaux. Ça soulage ! Ça ne fait de mal à personne ! Ça donne l'illusion d'avoir préservé une once de libre arbitre[3] ! Oui, je conserve mon sens critique. [...]

Tout cela était jouable jusqu'à ce que cette semaine mon fils, 8 ans, élève hélas consciencieux, rentre de l'école avec un poème à apprendre par cœur. Je m'assieds dans un fauteuil. Le petit se plante devant moi, prend son souffle. «La Spirale des ordures.» [...] Le petit s'est transformé en policier. Il guette le moindre faux pas dans la cuisine. Inspecte la corbeille à papiers. Va fourrer son nez dans les sachets. Ma vie est devenue un enfer.

Alors hier soir, j'ai craqué. Le petit était au lit. Protégée par la nuit, j'ai jeté quatre bouteilles de champagne (vides !), les coquilles de six œufs, un paquet d'aspirine périmée, un pneu de voiture usé, notre vieux téléviseur et une demi-douzaine de boîtes de conserve. Oui, j'ai fourré tout ça, tout ensemble, dans la poubelle de mon immeuble. Depuis, je respire.

Pascale Hugues, «Les ordures, tout un poème !», article publié dans *Libération*, avril 2008.

1. Thèmes littéraires dénués d'originalité.
2. Adjectif évoquant la méthode du philosophe français René Descartes. Synonyme de « logique », « rationnel ».
3. Faculté de l'être humain de se déterminer librement et par lui seul.

Document 3

Affiches du ministère du Développement durable et des Infrastructures du Grand-Duché de Luxembourg, 2008.

POUR DÉCOUVRIR LE SUJET DE FRANÇAIS

Représentez-vous les conditions de l'épreuve.

- **Sa durée :** 3 heures.
- Son **coefficient** par rapport à la sous-épreuve d'histoire-géographie-EMC : 2,5.
- Les liens avec l'objet d'étude et la problématique du **programme limitatif**.
- Sa **note** globale : sur 20.
- Le **matériel** utile.

Caractérisez ses éléments.

- **Le corpus :** un ou des textes, souvent illustrés par une ou des images.
- **Les consignes :**
  – « Compétences de lecture » : 4 à 5 questions.
  – « Compétences d'écriture » : un sujet de rédaction à visée argumentative.

Informez-vous sur les critères d'évaluation.

- **Pour les compétences de lecture :**
  – maîtriser la lecture et exercer son esprit critique ;
  – adapter sa lecture à la diversité des textes et des images.
- **Pour les compétences d'écriture :**
  Voir le second paragraphe du sujet d'expression ci-contre.

B. Les compétences évaluées

Les consignes du sujet d'examen

Baccalauréat professionnel
FRANÇAIS
Durée : 3 heures.
Coefficient : 2,5 / 5.
Objet d'étude : « Vivre aujourd'hui : l'humanité, le monde, les sciences et la technique ».

Première partie – Compétences de lecture *(10 points)*

Compréhension et interprétation

Texte 1

1. Quelles impressions se dégagent de la ville de Leonia ? Justifiez votre réponse en citant le texte. *(2 points)*

2. Dans la dernière phrase, expliquez à quoi l'auteur compare le monde. Que veut-il produire comme effet ? *(1 point)*

Texte 2

3. Montrez en quoi le texte prête à sourire : situation et comportement des personnages, vocabulaire, chute de l'article. *(2 points)*

Document 3

4. Expliquez quel message veut faire passer le gouvernement luxembourgeois. Quels procédés sont ici privilégiés par l'agence de communication pour porter ce message ? *(2 points)*

Confrontation

5. Présentez les textes et les documents de ce corpus en montrant la thématique qui les unit et les différences qui les distinguent. *(3 points)*

Seconde partie – Compétences d'écriture *(10 points)*

Aujourd'hui, la question des déchets urbains se pose avec acuité. Vous démontrerez, dans un développement structuré et argumenté d'une quarantaine de lignes minimum, quel moyen de communication serait, selon vous, le plus efficace pour mobiliser votre entourage sur un tel enjeu. Aidez-vous du corpus, de vos lectures, de votre culture et de votre expérience personnelle.

Il sera tenu compte des qualités de la langue (orthographe, syntaxe, lexique...), de la cohérence et de la pertinence du propos, de la justesse des arguments, de la mobilisation des éléments du corpus et des connaissances du candidat.

➘ **Illustrez par les informations présentées dans la méthode les différents éléments du sujet d'examen proposé.**

À VOTRE TOUR

➘ **Lisez à nouveau le sujet et les consignes. Quelle partie vous semble la plus difficile à traiter et pourquoi ?**

➘ **Regardez le tuto de Zoé. Listez ce que vous devez savoir et savoir faire pour l'épreuve en commençant par « Je dois connaître... », puis en continuant par « Je dois être capable de... ».**

vidéo
L'épreuve écrite du bac pro en français.
foucherconnect.fr/21f21

Méthode 2 BAC PRO

Maîtriser le lexique des consignes d'examen

A. Les consignes avec des mots interrogatifs

Un extrait de corpus

Texte 1 : l'épigraphe de l'essai *La Fraîcheur de l'herbe*, d'Alain Corbin

« L'herbe nous ressemble : elle pousse partout. Entre les pavés des capitales aussi bien que le long des talus. Et notre mémoire aussi est comme une grande prairie, où l'herbe doucement se relève de nos sentiers. Ainsi l'herbe nous ressemble parce qu'elle se renouvelle, tout en restant l'herbe de toujours. Elle a l'opiniâtreté[1] de l'espérance et la profondeur de l'oubli. Le vent l'aime, il la fait courir, comme courent les mots dans nos têtes puis sur une page, quand on se laisse emporter au souffle variable des jours. »

JACQUES RÉDA, « Prière d'insérer » in *L'Herbe des talus*, 1984, © Éditions Gallimard.

1. Ténacité, persévérance.

Texte 2 : un passage du livre

Une fois passés l'enfance et le plaisir de se rouler dans l'herbe ou d'y circuler pieds nus, l'herbe était associée aux apprentissages amicaux et sensuels : recherche du trèfle à quatre feuilles, douceur du flirt, violence des ébats amoureux. L'herbe était alors indissociable du foin, de ses odeurs, de ses bruissements. [...]

Le nombre d'enfants familiers de l'herbe et de ses plaisirs se raréfie année après année.

Une page de cette histoire s'est tournée, sans que, pour autant, soit aboli le désir d'herbe, lequel, aujourd'hui, hante nombre de citadins et que des spécialistes s'emploient à satisfaire.

ALAIN CORBIN, *La Fraîcheur de l'herbe*, © Librairie Arthème Fayard, 2018.

Compétences de lecture

Compréhension et interprétation

Texte 1

1. Que représente une épigraphe dans un livre ? Quel message cette citation transmet-elle aux lecteurs(trices) ?

2. Comment l'auteur crée-t-il dans l'épigraphe une atmosphère poétique ? Quelles sont les deux figures de style employées et dans quel but sont-elles utilisées ?

Texte 2

3. Pourquoi, quelle que soit l'époque, le « désir d'herbe » ne disparaît-il jamais, selon l'essayiste ?

POUR DIFFÉRENCIER LES MOTS INTERROGATIFS

Caractérisez-les.

- Ce sont des **adjectifs** (*quel... ?*), des **pronoms** (*que ?*), des **adverbes** (*quand ?*) interrogatifs.
- Ils sont **simples** (*qui ?*) ou **composés** (*lequel ?*).
- Ils **introduisent** une question (*qui parle ?*) ou sont placés **après un verbe** (*expliquez pourquoi*).

Interprétez leur signification.

- **Que... ? Qui... ? Quels effets... ? En quoi... ?** : on relève, identifie, caractérise des éléments.
- **Quand... ? À quel moment... ? Dans quel lieu... ? Où... ?** : on situe dans le temps et dans l'espace.
- **Pourquoi... ? Dans quel but... ? À cause de quoi ?** : on explique, démontre, justifie.
- **Comment... ? De quelle manière... ?** : on analyse des procédés d'écriture.

↘ Relevez dans chaque question les mots interrogatifs et caractérisez-les : nature grammaticale, mot interrogatif simple ou composé.

↘ À l'aide de l'encadré, reformulez chaque question de la manière suivante : *On me demande de...*

B. Les consignes avec des verbes

La suite du corpus

Document 3

Nigel Cooke, *Theme Park*, 2008.
© Nigel Cooke, courtesy Pace Gallery.

Compétences de lecture

Confrontation

Textes 1, 2 et document 3

4. Montrez en quoi la représentation de l'herbe dans le tableau s'oppose aux deux extraits. Comparez la vision du monde implicite des trois auteurs. Argumentez votre jugement en relevant des éléments significatifs du corpus.

- Relevez dans la consigne 4 les verbes. À quels temps et modes sont-ils conjugués ? Pourquoi ?
- Combien cette question présente-t-elle de « sous-consignes » ? Reformulez chacune d'elles en vous aidant de l'encadré.
- Transformez les quatre consignes sur le corpus en utilisant, pour les trois premières, des verbes et, pour la dernière, des mots interrogatifs.

POUR COMPRENDRE LES VERBES DE CONSIGNE

Distinguez leur sens.

- **Citez..., relevez...** : on recopie des mots, des courts passages.
- **Reformulez...** : on réécrit avec ses propres mots.
- **Identifiez...** : on nomme un procédé, un lieu, un personnage.
- **Caractérisez...** : on qualifie des éléments en les relevant.
- **Expliquez...** : on donne la cause, on définit le sens.
- **Explicitez...** : on clarifie un mot, une expression.
- **Montrez...** : on présente sans juger.
- **Justifiez...** : on prouve une explication, une interprétation.
- **Argumentez...** : on démontre, on réfute un jugement, une opinion.
- **Reliez..., confrontez..., comparez...** : on met en relation des citations, des documents.

À VOTRE TOUR

- Ci-dessous la réponse à une des consignes étudiées. Trouvez la question à laquelle elle correspond et justifiez votre choix. Aidez-vous du **tuto de Yanis**.

L'auteur de l'épigraphe crée une atmosphère poétique en personnifiant l'herbe. En effet, il lui attribue des caractéristiques humaines : « L'herbe nous ressemble » ; « l'herbe se relève » ; « Elle a l'opiniâtreté de l'espérance » ; « Le vent l'aime, il la fait courir. »
Mais l'auteur utilise aussi des comparaisons : « notre mémoire est comme une grande prairie » ; le vent « la fait courir, comme courent les mots dans nos têtes ». En procédant ainsi, l'auteur nous permet de comprendre les liens profonds qui nous unissent à la nature.

- À la page 18 du manuel, lisez la pétition de Malala Yousafzai. Posez deux questions avec des mots interrogatifs et deux autres avec des verbes. Échangez vos propositions.

Les tutos de Zoé & Yanis
vidéo
La formulation des consignes.
foucherconnect.fr/21f22

Méthode 3 BAC PRO

Comprendre et interpréter les documents

A. Les supports de l'épreuve écrite

POUR COMPRENDRE LES SUPPORTS

- **Identifiez** leur **genre** :
  – pour un texte : roman, théâtre, poésie, essai, presse… ;
  – pour une image : tableau, dessin, photographie…
- **Analysez** leurs **sources** : auteur(trice), titre, date de parution ou de création.
- **Formulez** leur **contenu** :
  – pour un texte : l'histoire et/ou les idées ;
  – pour une image : les éléments qui la composent et ce qu'ils suggèrent.
- **Explicitez** la ou les **intentions dominantes** de l'auteur(trice) : informer/expliquer, faire rêver, amuser, dénoncer…

➘ Appliquez à chaque support les entrées de la méthode ci-dessus.

Le document est un texte

Dans le roman Le Grand Secret *de René Barjavel, un virus très toxique risque d'anéantir le monde. On envoie les personnes contaminées sur une île sans espoir de retour. Roland, un des héros, fait visiter à Jeanne, son ancienne amante nouvellement arrivée, le lieu où il vit.*

Il y avait partout des éventaires[1] de fruits superbes, qui croulaient hors des paniers avec des feuilles et des étalages délicats de produits de luxe ou de nécessité. Entre les étalages s'ouvraient les portes d'ascenseurs d'où sortaient et où entraient sans hâte des hommes vêtus de toutes couleurs et qui semblaient avoir tous les âges. Mais Jeanne remarqua qu'ils avaient, quelle que fut leur race et l'apparence ridée ou non de leur visage, une commune fraîcheur de teint, une jeunesse de sang et de peau égale pour tous. Parmi les adultes en vêtements multicolores, des enfants nus couraient et jouaient. Il y avait beaucoup d'adultes et beaucoup d'enfants. Jeanne constata :

Vous êtes très nombreux…

Nous habitons un espace limité. Nous sommes comme les passagers d'un navire. Il est grand, mais complet… À la limite de la surcharge. C'est pourquoi nous avons cessé il y a dix ans de faire des enfants. Nous avons dû stopper totalement notre croissance. Nous ajoutons des produits anticonceptionnels à la nourriture préparée chaque jour. Toutes les femmes en absorbent sans avoir à y penser, et restent inféconds…

En passant près des étalages les adultes et les enfants prenaient une grappe de raisin, une poignée de cerises, une paire de bas, des cigarettes… Ils ne payaient pas, il n'y avait pas de marchand pour surveiller la marchandise, il n'y avait pas de marchandise : il y avait des fruits, des fleurs et des objets, offerts à ceux qui en avaient besoin ou envie.

René Barjavel, *Le Grand Secret*, © Presses de la Cité, un département de Place des éditeurs, 1973.

1. Étalages.

Le document est une image

Paul Signac, *Au temps d'harmonie*, 1893-1895, huile sur toile. Mairie de Montreuil.

POUR CARACTÉRISER LES QUESTIONS

- **Leur nature :**
  - **fermée** (oui/non) ?
  - **ouverte** ? (pourquoi, comment ? etc.).
- **Leurs éléments :**
  - (surligné) le thème ;
  - (encadré) le mot interrogatif ;
  - (souligné) le verbe de consigne ;
  - [...] les parties éventuelles.
- **Leur(s) visée(s) :** évaluer votre compréhension des supports ? Vos connaissances littéraires ? Stylistiques ?

B. Des exemples de questions dans un sujet de bac pro

Compétences de lecture

À propos du texte...

1. En quoi le texte décrit-il un lieu plutôt utopique ? Formulez les raisons qui justifient votre réponse.

2. [Quelle pratique dans cette île peut cependant nuancer votre jugement ?] [Expliquez pourquoi.]

3. Identifiez les procédés d'écriture dans la dernière phrase de l'extrait et commentez-les.

À propos de l'image...

4. Le titre de l'image correspond-il aux éléments représentés sur le tableau ? Justifiez votre réponse.

➘ Analysez les questions à l'aide de la méthode (voir Méthode 2, pages 96-97). Expliquez les sens des mots interrogatifs et des verbes de consigne.

POUR BIEN RÉPONDRE

- **Reprenez** des **éléments** de la question.
- **Respectez** ses éventuelles **parties**.
- **Citez** des **extraits** avec des guillemets et, si besoin, entre parenthèses.
- **Utilisez** le **lexique spécialisé** de la littérature et de la stylistique.
- **Vérifiez** si tous les éléments de la question ont bien été traités.

C. Les réponses rédigées

Deux exemples de rédaction

1. Le texte décrit un lieu plutôt utopique où il fait bon vivre. En effet, les habitants ont à portée de main des « fruits superbes » et ils vivent calmement, « sans hâte ». Tous paraissent en bonne santé (« une jeunesse de sang et de peau égale pour tous ») et tout est gratuit. Chacun se sert selon son « besoin ou envie ».

3. Dans la dernière phrase de l'extrait, on remarque l'emploi de trois propositions négatives et juxtaposées : « ils ne payaient pas », « il n'y avait pas de marchand », « pas de marchandise ». La dernière proposition affirmative introduite par les deux-points à valeur causale représente l'antithèse des propositions précédentes avec un parallélisme de construction : « il n'y avait pas / il y avait des fruits... offerts... ».
Par ces procédés, l'auteur décrit implicitement en quoi cette île s'oppose au monde réel du lecteur ou de la lectrice où dominent l'argent, les frustrations et les inégalités.

➘ Comparez les réponses rédigées aux questions. Pourquoi sont-elles bien développées ?

À VOTRE TOUR

➘ En suivant la même démarche, répondez aux questions 2 et 4 des compétences de lecture ci-dessus. Aidez-vous du **tuto de Zoé** *avant* ou *après* la rédaction.

➘ Feuilletez votre manuel. Choisissez un texte et une image à propos desquels vous poserez des questions comme à l'examen. Vos camarades pourront y répondre et vous les corrigerez !

vidéo

Les questions d'examen sur les documents.

foucherconnect.fr/21f23

Méthode 4 BAC PRO

Confronter les documents d'un corpus

A. L'étude de l'ensemble du corpus

POUR RELIER LES DOCUMENTS

• **Étudiez** leurs **points communs** et **différences** :
– les *natures* et *genres* des supports (voir p. 98) ;
– leur *thème* en lien avec l'objet d'étude et le programme limitatif ;
– les *intention(s)* des auteurs(trices) : *informer*, *dénoncer*, *faire rêver*, *amuser*, *défendre*...
– les *registres* des documents : *humoristique*, *pathétique*, *polémique*...
– leur *époque* de *création* ou *publication*. Observez les sources.

• **Surlignez** et **annotez** le corpus.

Un exemple de corpus

Texte 1

Bardamu, le personnage principal du roman Voyage au bout de la nuit, *vient d'être embauché à l'usine Ford où les ouvriers travaillent à la chaîne.*

Tout tremblait dans l'immense édifice et soi-même des pieds aux oreilles possédé par le tremblement, il en venait des vitres et du plancher et de la ferraille, des secousses, vibré de haut en bas. On en devenait machine aussi soi-même à force et de toute sa viande encore tremblotante dans ce bruit de rage énorme qui vous prenait le dedans et le tour de la tête et plus bas vous agitant les tripes et remontait aux yeux par petits coups précipités, infinis, inlassables. À mesure qu'on avançait on les perdait les compagnons. On leur faisait un petit sourire à ceux-là en les quittant, comme si tout ce qui se passait était bien gentil. On ne pouvait plus ni se parler ni s'entendre. Il en restait à chaque fois trois ou quatre autour d'une machine.

On résiste tout de même, on a du mal à se dégoûter de sa substance, on voudrait bien arrêter tout ça pour qu'on y réfléchisse, et entendre en soi son cœur battre facilement, mais ça ne se peut plus.

LOUIS-FERDINAND CÉLINE, *Voyage au bout de la nuit*, 1932. © Éditions Gallimard.

Texte 2

Ne rêvez pas
(L'ordinateur)

Ne rêvez pas
pointez
grattez vaquez marnez bossez trimez
Ne rêvez pas
l'électronique rêvera pour vous
Ne lisez pas
l'électrolyseur lira pour vous
Ne faires pas l'amour
l'électrocoïtal le fera pour vous

Pointez
grattez vaquez marnez bossez trimez
Ne vous reposez pas
Le Travail repose sur vous.

JACQUES PRÉVERT, « Ne rêvez pas », in *Choses et autres*, 1972, © Éditions Gallimard.

Document 3

▲ Illustration de Tommy.

➘ Après avoir étudié chaque document du corpus (voir Méthode 3, p. 98-99), dites quels points communs et quelles différences vous constatez entre eux. Aidez-vous de l'encadré.

POUR BIEN RÉPONDRE À LA QUESTION DE CONFRONTATION

- **Légendez** la **question** : voir Méthode 3, p. 99.
- **Structurez** votre **réponse** en 1, 2, ou 3 paragraphes selon les parties de la question.
- **Aidez-vous** de vos **réponses** aux questions qui précèdent (partie « Compréhension et interprétation »).
- **Exploitez** vos **notes** sur l'étude du corpus.
- **Reprenez** des **mots** importants de la question.
- **Citez** éventuellement des **passages** pour argumenter votre réponse. N'oubliez pas les guillemets.
- **Exprimez-vous sans** utiliser « **je** » et **sans jugement personnel**.

B. La question de confrontation et des réponses

Compétences de lecture

Confrontation

Textes 1, 2 et document 3

[Montrez l'unité et la cohérence du corpus en présentant les points communs entre les textes et le document.] [En quoi cependant se différencient les éléments du corpus ? Argumentez.]

Un exemple de réponse

Le corpus porte sur le thème du travail à propos duquel les auteurs ont un regard négatif. Je partage du reste leur jugement. On nous fait trop travailler ! Mais ils sont aussi différents car ils ont des auteurs différents. Le premier est rédigé par Céline, le second par Prévert et le dernier par un dessinateur de presse. Celui-ci m'a bien fait rire. Il m'a fait penser au confinement et au télétravail.

Le corrigé

Les trois éléments du corpus portent sur le travail et son évolution. Ainsi, le premier extrait, publié en 1932, décrit le travail à la chaîne. Le second texte de Jacques Prévert se réfère au travail par ordinateur qui se développe vers 1970. Le dessin montre les multiples usages domestiques du numérique, dont le télétravail aujourd'hui. Les auteurs dénoncent implicitement ces nouvelles modalités qui demandent toujours plus aux travailleurs et déshumanisent en partie les tâches professionnelles qui leur sont demandées.

Cependant, les éléments du corpus se différencient par leur mode d'expression : romanesque, poétique ou graphique. De plus, leur registre varie : pathétique pour le premier car l'ouvrier devient une machine, comique pour le second par les jeux de mots du poète, et ironique pour le dessin comme le suggère le mot entre guillemets dans la citation.

- Explicitez le légendage de la question. Combien de parties comporte cette consigne ?
- Quels mots de la consigne prouvent qu'il s'agit bien d'une question de confrontation ?
- Lisez l'exemple de réponse. À l'aide de l'encadré, trouvez ses points positifs mais aussi négatifs. Évaluez la qualité de l'expression écrite.
- En quoi le corrigé illustre-t-il bien les conseils de l'encadré ? Donnez des exemples.

À VOTRE TOUR

- Lisez le corpus de présentation du sujet de l'épreuve écrite de bac pro en français (p. 92-95) et répondez à la question de confrontation libellée en ces termes : *Présentez les textes et les documents de ce corpus en montrant la thématique qui les unit et les différences qui les distinguent.*
- Regardez attentivement le **tuto de Yanis** en prenant éventuellement des notes. Relisez votre réponse et, si besoin, améliorez-la.

Les tutos de Zoé & Yanis

Le corpus et la question de confrontation.

foucherconnect.fr/21f24

Méthode 5 BAC PRO

Construire et rédiger une démonstration nuancée

A. Un sujet d'examen

Compétences d'écriture

René Barjavel, dans son roman *Le Grand Secret* (p. 98), fait évoluer certains de ses héros dans une île où tout est gratuit. Ils ont été écartés pour toujours de la société car ils ont été contaminés par le virus de l'éternelle jeunesse. Ce lieu utopique vous séduit-il?

Quelle que soit votre opinion, argumentez-la en une quarantaine de lignes environ. Vous vous appuierez sur des éléments du corpus, sur ce que vous avez appris durant l'année et sur vos connaissances personnelles.

POUR LÉGENDER LA CONSIGNE D'ÉCRITURE

- [cadre] Le thème.
- [jaune] La question posée.
- [orange] Le type d'écrit attendu
- [bleu] Vos supports de réflexion

Expliquez oralement la légende que vous appliqueriez au sujet.

B. Le brouillon d'un(e) candidat(e)

Exemple

Thème : Utopie. Jeunesse éternelle. Pas d'argent. Tout est offert.

Question : Utopie séduisante??? Ou oui, ou non.

Mon opinion : Non. Pour moi, ce lieu n'est pas idéal.

Argumentaire :

CERTES...

1. Le travail use. –> Ex. : espérance de vie ≠ selon la nature du travail. (> Réf. démographique)
2. Égalité. Pas de très riches. Pas de très pauvres. –> Ex. : superpuissance/pays émergents. Injustice sociale. (> Réf. géographique et sociale)
3. Jeunesse = beauté, intelligence, vitalité. –> Ex. : La fontaine de Jouvence. (> Réf. mythologique)

MAIS...

1. Argent = travail et rémunération nécessaires à l'estime de soi. –> Ex. : rémunération nécessaire des stages en entreprise, ce qui n'est pas le cas. (> Réf. vécue)
2. Besoin d'efforts et de dépassement. Même si c'est difficile, besoin de se confronter aux difficultés de la vie. (> Réf. psychologique)
3. Risque de surpeuplement. La planète ne pourra pas nourrir tout le monde. –> Ex. : surconsommation. (> Réf. démographique et écologique)
4. Vie éternelle horrible. Il faut une fin. –> Ex. : plaisir de suivre les âges de la vie. (> Réf. psychologique)
5. Ennui, lassitude, dépression, suicide. –> Ex. : le roman Globalia. (> Réf. littéraire)

POUR ORGANISER VOTRE BROUILLON

- **Recopiez** le thème du sujet, la question et **notez** votre opinion.
- **Séparez** et **complétez** les deux parties de l'argumentaire :
  → Partie 1. *Certes...* : les idées qui pourraient s'opposer à ce que vous pensez.
  → Partie 2. *Mais...* : les idées qui justifient votre opinion.
- **Diversifiez** les **références** des **arguments** : géographique, politique, littéraire, etc. Aidez-vous de vos expériences.
- **Utilisez** une **mise en page aérée**, des **numéros**, des **signes**, des **abréviations**... selon vos besoins.

Surtout, ne rédigez pas tout !

La méthode a-t-elle été bien respectée dans le brouillon. Pourquoi ?

Pourquoi la partie 2 de l'argumentaire est-elle plus étoffée ?

Listez les signes et abréviations utilisés.

POUR ÉCRIRE VOTRE DÉMONSTRATION NUANCÉE

L'introduction

- **Citez** l'**auteur**, le **titre** de l'œuvre et **soulignez**-le.
- **Reformulez** le **thème** et la **question posée**.
- **Utilisez** « **je** », « **me** », « **mon** », « **moi** » car on demande votre opinion.

Le développement

- Le premier paragraphe débute par un **connecteur de concession** (*certes*, *il est vrai que*…), le second par un **connecteur d'opposition** (*mais*, *pourtant*, *cependant*…).
- Des **connecteurs d'énumération** (*tout d'abord*, *puis*, *enfin*…) et **explicatifs** (*de fait*, *en effet*…) enchaînent les arguments.
- Des exemples introduits par des **formules** (*comme l'affirme*, *pour exemple*…) ou encadrés par des **parenthèses** illustrent les arguments.

La conclusion

- **Commencez**-la par *c'est pourquoi*, *par conséquent*, *pour conclure*, etc.
- **Répondez** à la question introductive.
- **Synthétisez** brièvement votre argumentaire.

C. La démonstration rédigée

Exemple

Le roman de René Barjavel, Le Grand Secret, décrit un lieu qui peut faire rêver. En effet, sur une île imaginaire, habitent des personnages atteints du virus de la jeunesse. Ils ne peuvent ni vieillir ni mourir et tout y est gratuit. Cette forme de société, apparemment bien séduisante, me conviendrait-elle ?

Certes, un monde sans argent fait rêver. Fini le travail qui, selon le métier, ruine la santé des travailleurs ! De plus, si les différences de richesse disparaissent, une réelle égalité entre les individus mais aussi entre les pays du monde entier s'installera. Disparaîtront alors les pouvoirs des superpuissances sur les pays émergents où règne encore le fléau de la malnutrition. Enfin, rester éternellement jeune a depuis longtemps fait rêver. Pour exemple le mythe de la fontaine de Jouvence encore exploité aujourd'hui dans les affiches publicitaires de notre quotidien.

Pourtant, les situations décrites dans le roman de René Barjavel sont-elles vraiment enviables ? Par exemple, recevoir de l'argent pour un travail qui a demandé des efforts est une forme de reconnaissance et de valorisation de soi. C'est pourquoi je m'étonne souvent que nos stages en entreprise ne soient pas rémunérés. En outre, vivre éternellement me paraît à la fois économiquement, socialement et humainement dangereux. En effet, que deviendraient les ressources de la planète si la population est en constante évolution ? Plusieurs essais comme celui d'Edgar Morin, Changeons de voie, démontrent qu'il faut stopper cette croissance effrénée nous menant vers un cataclysme inéluctable. Enfin, selon moi, il faut profiter de toutes les étapes de la vie, de la jeunesse à la vieillesse. Du reste, dans le roman de Robert Merle étudié en classe ainsi que celui de Jean-Christophe Rufin, Globalia, aucun des personnages ne résiste à ce bonheur artificiel qui détruit paradoxalement le désir de vivre.

C'est pourquoi l'utopie « dystopique » de René Barjavel ne me séduit pas. Je rejette ce type de société où tout semble éternellement beau. Selon moi, vivre, c'est aussi se battre et accepter la mort !

➘ Comparez la rédaction de la démonstration au brouillon. Que constatez-vous ? Illustrez la méthode par des exemples du devoir.

À VOTRE TOUR

➘ En suivant la même démarche (légendage du sujet, brouillon, rédaction), traitez le sujet suivant. Aidez-vous du **tuto** *avant* ou *après* votre rédaction.

Les romans de science-fiction actuels sont souvent dystopiques et annoncent une fin du monde apocalyptique. Partagez-vous cette vision ? En 40 lignes environ, démontrez votre point de vue de manière nuancée à l'aide d'exemples.

La rédaction d'une démonstration nuancée.

foucherconnect.fr/21f25

Méthode 6 BAC PRO

Diversifier et illustrer les arguments

POUR ENRICHIR VOTRE ARGUMENTAIRE

• **Légendez** le **sujet** d'examen. Consultez les pages 102-103.

• **Reformulez** les **points essentiels** du sujet (thème et questions).

• **Prenez position** en **notant** brièvement votre **thèse**.

• **Cherchez** des **arguments** ou idées-preuves **variés**. Pour exemples :
– des *valeurs* partagées : solidarité, tolérance… ;
– des *convictions morales* sur la famille, l'éducation, l'argent… ;
– des *recherches* et *concepts d'experts* (en sciences, géographie, histoire, droit, littérature…).

• **Illustrez** les arguments par des **exemples concrets**. Ce sont :
– des *faits vécus* par vous ou vos proches ;
– des *films*, *séries*, *livres*, *chansons* ;
– des *œuvres d'art* (dessins, tableaux, sculptures), des *expositions* ou *spectacles*.

A. Les types d'arguments et d'exemples

Compétences d'écriture

Sujet d'examen (voir le corpus p. 100)

Que pensez-vous du travail, vous qui êtes sur le point d'entrer sur le marché de l'emploi ? Est-ce pour vous seulement un moyen de gagner votre vie ? Ou bien le travail doit-il aussi permettre de vous épanouir ? Seriez-vous prêt(e) à tout sacrifier pour « faire carrière » ou à accepter n'importe quel poste ? Argumentez votre opinion en vous référant à vos expériences et connaissances acquises durant votre formation.

Deux extraits d'argumentaires

Extrait A

Pour moi je peux tout accepter du moment que je gagne bien ma vie. Évidemment, ce sera mieux si mon travail correspond à ce que j'ai étudié, mais si je ne trouve rien, je me sens prêt à tout faire… L'important est d'avoir de l'argent pour manger, payer un loyer et plus tard, pourquoi pas, fonder une famille. J'ai connu trop d'amis qui sont restés longtemps au chômage. Cela me rappelle un film qu'on a vu avec nos professeurs de français et d'anglais. C'était Moi, Daniel Blake, du réalisateur Ken Loach, qui montrait combien la perte d'un travail pouvait détruire une personne. Je ferai donc tout pour ne pas connaître le chômage !

Extrait B

On dit souvent que l'argent ne fait pas le bonheur… et je partage cet avis. En effet, ce que je recherche avant tout pour ma vie future, c'est un emploi qui, tout en correspondant à ma formation et à mon diplôme, m'aide à progresser professionnellement et à m'épanouir personnellement. Certes, le contexte actuel dominé par une crise économique importante, comme en témoigne Edgar Morin dans son essai Changer de voie, ne facilite pas l'entrée dans la vie active. Mais je crois être prête à tout sacrifier pour un métier où je m'engagerai totalement. Je me souviens d'un livre qui m'a passionnée : La Tresse de Laetitia Colombani. Ce roman fait le portrait de trois femmes à l'origine géographique et au parcours différents. Je me suis identifiée au personnage de Giulia car elle s'est battue pour sauver l'entreprise de son père. J'aimerais être comme elle. Peut-être mon rêve se réalisera-t-il ? En tout cas, j'y crois.

- Commentez le légendage du sujet d'examen. À quoi correspondent les couleurs ?
- Lisez chaque argumentaire et différenciez les arguments des exemples. Donnez leur nature en vous aidant de l'encadré. Vous pouvez répondre sous la forme d'un tableau.
- Quel argumentaire, indépendamment de la thèse qu'il défend, vous semble-t-il le mieux correspondre aux attentes d'une copie d'examen ? Expliquez pourquoi.

B. Le choix des arguments et des exemples

POUR BIEN RÉDIGER VOTRE ARGUMENTAIRE

- **Reformulez** clairement le **thème**, la **question posée** et la **thèse** que vous défendrez.
- **Sélectionnez** vos **arguments** et **exemples** selon votre **stratégie** :
  – pour *convaincre* en s'adressant à la raison de votre destinataire ;
  – pour *persuader* en s'adressant à ses émotions.
  Une même argumentation mêle souvent les deux types de stratégies.
- **Hiérarchisez** vos **arguments** et **exemples** selon leur **efficacité** :
  – du *moins* au *plus important* selon le destinataire ;
  – du *particulier* au *général* pour toucher un large public.
- **Enchaînez** vos arguments et exemples avec des **connecteurs logiques** : *en effet*, *certes*, *de plus*, *mais*, *c'est pourquoi*...
  Voir p. 72.

Distinguez dans l'argumentaire de la candidate les types d'arguments et d'exemples. Montrez qu'ils visent à convaincre et à persuader. Sont-ils, selon vous, bien hiérarchisés ?

Compétences d'écriture

Autre sujet d'examen (voir le corpus p. 92-95)

Aujourd'hui, la question des déchets urbains se pose avec acuité. Vous démontrerez, dans un développement structuré et argumenté d'une quarantaine de lignes minimum, quel moyen de communication serait, selon vous, le plus efficace pour mobiliser votre entourage sur un tel enjeu. Aidez-vous du corpus, de vos lectures, de votre culture et de votre expérience personnelle.

Le brouillon d'une candidate

- Le thème : les déchets urbains.
- La question posée : on me demande quel moyen de communication est le plus efficace pour convaincre les habitants des villes de mieux gérer leurs déchets.
- La thèse que je défends : ce sont les campagnes publicitaires (voir doc. 3 du corpus), mais chacun doit aussi être éduqué et s'informer.
- Mes arguments et mes exemples

a) La publicité « marque » le public : dynamique, jeune...
  –> Ex. : affiches (voir doc. 3), spots télé ou réseaux sociaux, musique...

b) Enquêtes sociologiques menées en agences de pub. Études sur les goûts et besoins des personnes ciblées.
  –> Ex. d'une pub à chercher qui personnellement m'a marquée.

c) Influence sur le groupe. Comportement et valeurs partagés. Respect environnemental.
  –> Ex. : tri dans les poubelles, même si c'est parfois compliqué (voir texte 2). Actions militantes de Greta Thunberg.

Mais insuffisant :

d) Nécessité d'une éducation à l'école. –> Ex. : géo., EMC, PSE.

e) Lectures personnelles et scolaires. –> Ex. : Petit manuel de résistance contemporaine et film Demain de Cyril Dion.

f) Photos (–> ex. : plastiques dans les mers) et œuvres d'art (Venise).
  –> Émotions.

À VOTRE TOUR

Traitez le sujet ci-dessus en rédigeant entièrement votre argumentation avec une introduction, un développement et une conclusion. Reportez-vous à la Méthode 5 (p. 102-103) et exploitez le brouillon de la candidate. Vous pouvez toutefois chercher d'autres arguments qui vous conviendront mieux.

Évaluez la qualité de votre argumentation en regardant le **tuto de Yanis** et, éventuellement, améliorez-la.

Les arguments et les exemples dans un argumentaire.

foucherconnect.fr/21f26

Méthode 7 BAC PRO

Améliorer l'expression écrite

POUR RESPECTER L'ORTHOGRAPHE LEXICALE

- **Utilisez** un **dictionnaire** (papier ou en ligne), un **correcteur orthographique**, un **manuel**...
- **Observez** comment sont construits les mots en vous aidant des **familles de mots** : *femme > féminicide, égal > inégalité*.
- **Ne confondez pas** les **homophones lexicaux** : *la cour ≠ le cours*.

POUR RESPECTER L'ORTHOGRAPHE GRAMMATICALE

- **Vérifiez** les **chaînes d'accord** :
  – entre *déterminant*, *nom*, *adjectif* (singulier/pluriel, masculin/féminin) ;
  – entre le *sujet* (personne et genre) et le *verbe*.
  Attention aux accords des **participes passés** avec *être* ou *avoir* !
- **Ne confondez pas** les **homophones grammaticaux** :
  – *a/à*, *on/ont*, *se/ce*, *travail/travaille*, etc. ;
  – *-er* ou *-é* (*-ée*, *-és*, *-ées*) : terminaisons verbales des verbes du premier groupe.
- **Sachez conjuguer** les **temps** et **modes verbaux** selon leur **forme simple** ou **composée** : *il part*, *elle est partie*. Attention aux formes **invariables** : infinitif (*aller*), participe présent (*allant*).

A. En orthographe lexicale

Un exemple de texte avec des erreurs

Depuis des décennies, les moyens de communication se sont considérablement développés, mais peut-on pour autant en conclure que nous communiquons plus et mieux ?
Pour ma par, je pense que l'on communique d'avantage qu'à l'époque de nos parents. En effet, nous sommes hiperconnectés grâce aux réseaux sociaux notament. Quant à l'information, on peut savoir à tout moment ce qui se passe dans le monde.

↘ En vous aidant de l'encadré ci-contre, corrigez chacune des erreurs identifiées et dites quelles stratégies vous avez utilisées.

B. En orthographe grammaticale

Un autre exemple de texte avec des erreurs

Néanmoins, il est vrai que le fait d'être presque constamment sur son portable (dans les transports, à la récréation, voire à table) ne favorise pas les échanges. Se n'est pas ce qu'on appel communiqué ! De même, quand on poste des photos ou des messages sur les réseau sociaux, le week-end ou pendant les vacances scolaire, plus besoin de raconter ce qu'on a fais, tout le monde le sait. Mais nous ne sommes pas les seul : moi qui vit dans une grande famille, je peut dire que les adultes aussi ont les yeux river sur leur portable.

Son corrigé

Néanmoins, il est vrai que le fait d'être presque constamment sur son portable (dans les transports, à la récréation, voire à table) ne favorise pas les échanges. Ce n'est pas ce qu'on appelle communiquer ! De même, quand on poste des photos ou des messages sur les réseaux sociaux, le week-end ou pendant les vacances, plus besoin de raconter ce qu'on a fait, tout le monde le sait. Mais nous ne sommes pas les seuls : moi qui vis dans une grande famille, je peux dire que les adultes aussi ont les yeux rivés sur leur portable.

↘ En vous aidant de la méthode ci-contre, expliquez oralement les corrections apportées au second texte. Appuyez-vous si besoin sur l'entourage du mot (en le remplaçant par exemple par un autre terme).

POUR RÉDIGER DES PHRASES CORRECTES

• **Identifiez** la nature des phrases.

– La **phrase simple** : sujet + verbe + complément(s).

– La **phrase complexe** avec plusieurs propositions :
→ indépendantes : juxtaposées ou coordonnées ;
→ une ou des principales + une ou des subordonnées ne pouvant fonctionner seules.

• **Ponctuez** à bon escient :

– avec une **ponctuation forte** à la fin d'une phrase : ., ?, !, ...

– avec une **ponctuation faible** (, ; :) entre certains mots, groupes de mots ou propositions.

• **Distinguez** les **questions**.

– **Interrogation directe** : *Est-ce exact ? / Est-ce que c'est exact ? / Qui vient ?*

– **Interrogation indirecte** : *il se demande si c'est vrai.*

• **N'oubliez pas** le *ne / n'* des **phrases négatives** : *on n'a rien décidé.*

• **Évitez** les **lourdeurs** et les **mots familiers** :

– les répétitions de mots imprécis : *ça (= cela), choses, faire* ;

– les doubles sujets (*la loi elle interdit*).

C. En syntaxe et face aux maladresses d'expression

Dans la rédaction sur un sujet d'expression écrite

Les progrès médicaux ont permis de mettre au point de nombreuses techniques d'aide à la procréation : insémination artificielle, FIV, gestation pour autrui. Depuis quelques années, des débats ont lieu pour savoir si les femmes homosexuelles et célibataires doivent ou non avoir accès à la PMA. En 2019, un projet de loi a été adopté et désormais toutes les femmes peuvent avoir recours à la procréation médicalement assistée, mais pas à la gestation pour autrui.

➘ Identifiez dans le texte la nature des phrases. Repérez les propositions indépendantes et surbordonnées. Justifiez la ponctuation.

Ainsi on constate par exemple que dans certains pays la législation est plus souple c'est le cas notamment des Pays-Bas ou de l'Angleterre la gestation pour autrui reste cependant une pratique assez limitée en Europe.

➘ Rétablissez la ponctuation et les majuscules dans la suite de la copie.

On peut alors légitimement se demander s'il faut changer la loi? Peut-être existe-t-il un peu d'égoïsme chez les femmes qui veulent un enfant à tout prix? Est-ce que c'est impossible de vivre sans enfant?

➘ Trois questions sont ensuite posées. Dites lesquelles sont directes et indirectes. Laquelle exige une correction ? Pourquoi ? Pour la dernière phrase, deux autres formulations sont possibles. Exercez-vous.

Enfin, la gestation pour autrui ça nécessite de se poser bien des questions. Peut-on sur un plan éthique rémunérer des femmes pour ça? Et comment fixer un prix? Est-ce que ça ne risque pas d'inciter les plus pauvres à vendre leur corps. Les gosses, est-ce qu'ils ont un prix? Faire ces choses, c'est pas acceptable. Mais il faut tout de même aider les couples qui en veulent?

➘ Quelles erreurs repérez-vous dans la conclusion du devoir ? Expliquez-les et réécrivez cet énoncé avec les corrections qui s'imposent.

À VOTRE TOUR

➘ À l'aide des encadrés et après avoir regardé le **tuto de Zoé**, reprenez une de vos copies et réécrivez-la en l'améliorant : vous corrigerez les erreurs d'orthographe et vous veillerez à formuler des phrases correctes. Vous pouvez en plus vous servir d'un correcteur en ligne.

Méthode 8 BAC PRO

Connaître les critères d'évaluation de l'épreuve écrite

POUR L'ÉVALUATION DES QUESTIONS

- **Différenciez** le **barème total** (10 points) de celui correspondant à **chaque question**. La notation peut varier selon les sujets.
- **Repérez** la **progression du questionnement** : « le candidat répond à des questions qui cheminent de la **compréhension** et de l'**interprétation** vers la **confrontation** des différents éléments du corpus » (*arrêté du 17 juin 2020*).
- **Respectez** l'**ordre** des **questions** pour répondre.
  – Les trois premières concernent chaque document.
  – La dernière met en relation les documents du corpus.
- **Anticipez** les critères de notation du correcteur ou de la correctrice en **décomposant** le barème et en **annotant** les questions. Voir l'exemple ci-contre.
- **Relisez** vos réponses pour vérifier si toutes les sous-questions ont bien été traitées.

A. À propos des compétences de lecture *(10 points)*

Voir le corpus et les questions des pages 96-97

Compréhension et interprétation

Texte 1

Définition = 1 pt — Interprétation = 1 pt

1. Que représente une épigraphe dans un livre ? Quel message cette citation transmet-elle aux lecteurs(trices) ? *(2 points)*

2. Comment l'auteur crée-t-il dans l'épigraphe une atmosphère poétique ? Quelles sont les deux figures de style employées et dans quel but sont-elles utilisées ? *(2 points)*

Identification = 0,5 + 0,5 = 1 pt — Justification = 1 pt

Texte 2

3. Pourquoi, quelle que soit l'époque, le « désir d'herbe » ne disparaît-il jamais, selon l'essayiste ? *(2 points)*

Interprétation = 2 pts

Confrontation

Textes 1, 2 et document 3

Interprétation de l'opposition = 2 pts

4. Montrez en quoi la représentation de l'herbe dans le tableau s'oppose aux deux extraits. Comparez la vision du monde implicite des trois auteurs. Argumentez votre jugement en relevant des éléments significatifs du corpus. *(4 points)*

Relevé = 2 pts

L'évaluation des réponses des candidats

Les correcteurs et correctrices sont particulièrement attentifs aux critères généraux suivants.

- Comprendre le sens général du corpus.
- Interpréter le ou les textes et, le cas échéant, les images qui composent le corpus.
- Confronter et mettre en perspective le corpus au regard de l'objet d'étude (« Vivre aujourd'hui : l'humanité, le monde, les sciences et la technique ») et du thème du programme limitatif de français qui varie tous les deux ans.

Il revient aux concepteurs du sujet national de proposer la répartition des points relatifs à ces compétences en fonction du choix des supports et des questions qu'ils imposent.

➘ Que représentent les surlignements et les annotations des questions ci-dessus ?

➘ Quelles sont les différences entre les verbes « comprendre », « interpréter » et « confronter » ?

➘ Quelles remarques personnelles vous suggèrent les critères d'évaluation ?

POUR L'ÉVALUATION DE LA RÉDACTION

- **Légendez** le sujet d'expression. Voir Méthode 5, page 102.
- **Reformulez** les trois **entrées** de la grille :
  – l'écrit demandé est argumentatif ;
  – il est étayé par des références ;
  – l'expression écrite est de qualité.
- **Réfléchissez** aux buts visés par les **phrases introductives** en italique : celles-ci rendent compte des effets généraux de la copie sur le lecteur ou la lectrice.
- **Appropriez-vous** les **items** et **reliez**-les aux **barèmes**. Attention ! Il est demandé aux correcteurs et correctrices de globaliser la notation par entrée.
- **Entraînez-vous** à **auto-évaluer** vos écrits en utilisant la grille.

B. À propos des compétences d'écriture *(10 points)*

Un sujet d'expression écrite en lien avec le programme général et le programme limitatif

Selon vous, les jeux d'aujourd'hui dépendent-ils encore des milieux géographiques, sociaux, politiques qui les ont vu naître ? Ou bien pensez-vous que le développement du numérique et la multiplication des échanges au niveau international les rendent de plus en plus mondialisés et universels ?

Vous argumenterez votre démonstration en une quarantaine de lignes. Appuyez-vous sur le corpus, sur vos expériences personnelles et sur ce que vous avez lu et vu en étudiant l'objet d'étude et le thème du programme limitatif. Veillez à la qualité de votre expression écrite.

Un exemple de grille d'évaluation proposée aux correcteurs et correctrices

Argumentation *Le lecteur ou la lectrice comprend et suit le propos.* – Le propos est construit et argumenté. – Le propos est pertinent et cohérent. – Le candidat fait preuve de réflexion et d'esprit critique au regard du thème du programme limitatif.	*/ 4 points*
Lecture / Connaissances *L'argumentation tire profit de la mobilisation de références identifiables.* – Les éléments du corpus sont mobilisés. – Les connaissances acquises durant la classe de terminale sont utilisées. – La culture personnelle est sollicitée.	*/ 3 points*
Expression *Le lecteur ou la lectrice comprend le texte du candidat sans difficulté.* – La structure des phrases est globalement correcte. – L'orthographe est globalement correcte. – Le lexique utilisé est globalement approprié et précis.	*/ 3 points*

- Montrez que la formulation du sujet correspond aux critères d'évaluation de la grille. Donnez des exemples.
- Quelles remarques personnelles vous suggère cette grille ?
- Qu'en concluez-vous sur ce que vous devez travailler au regard de vos propres compétences d'écriture ?

À VOTRE TOUR

Lisez le sujet proposé dans le manuel (pages 112-115) ou celui en ligne sur **foucherconnect.fr/21f45** et consultez les Méthodes 4 et 5 (pages 100 à 103). Choisissez le sujet d'examen que vous souhaitez et entraînez-vous comme au bac. Analysez l'évaluation de votre écrit effectuée par votre professeur(e), un(e) camarade ou vous-même. Aidez-vous du **tuto de Yanis**.

vidéo
L'évaluation et la notation de l'épreuve écrite.
foucherconnect.fr/21f28

Méthode 9 BAC PRO

Réussir l'épreuve orale de contrôle

LES MODALITÉS DE PASSAGE DE L'EXAMEN

L'épreuve orale de contrôle
Elle concerne les candidats qui n'ont **pas** obtenu **10/20 en moyenne générale** à l'examen.

Les notes requises
Pour passer cette épreuve, il faut avoir obtenu :

- **de 8/20** à **10/20** en **moyenne générale** à l'examen *et*
- **10/20** au minimum pour une des épreuves **professionnelles**.

Le premier tirage au sort
Le ou la candidat(e) tire au sort soit *français*, soit *histoire*, soit *géographie*.

Le second tirage au sort et les supports de l'épreuve en français

- Le tirage au sort permet au candidat de savoir s'il présentera un **groupement de textes** ou une **œuvre**.
- Ces deux types de support renverront au **thème du programme limitatif**.
- Le ou la candidat(e) **choisit** le groupement ou l'œuvre à présenter.

La durée de la préparation
15 min sans aucun support. Des feuilles de brouillon sont distribuées.

A. La préparation de l'épreuve : 15 min

Les libellés des sujets tirés au sort

Soit un groupement de textes

Après avoir présenté un groupement de textes le plus précisément possible (titres, auteurs, époques de publication, propos des textes), vous expliquerez ce qui vous a intéressé(e) dans cette étude dont vous présenterez les principales lignes de force.

Soit une œuvre longue

Après avoir présenté une œuvre le plus précisément possible (titre, auteur, époque de publication, propos de l'œuvre), vous expliquerez ce qui vous a intéressé(e) dans cette étude dont vous présenterez les principales lignes de force.

- Que remarquez-vous dans la formulation des deux consignes ?
- Différenciez les trois parties de l'exposé sur le groupement ou sur l'œuvre.
- Votre jugement personnel est-il sollicité ? Pourquoi ?
- Expliquez l'expression : « principales lignes de force ».

Un exemple de fiche pour s'entraîner à la présentation du groupement ou de l'œuvre

Auteur(s)/Autrice(s) et œuvre(s)
• Brève présentation biographique si c'est une seule œuvre. • Titre(s). • Genre(s) : roman, poème, essai, tableau, affiche, etc. • Époque(s) de publication.
Lignes de force
• Le résumé de l'intrigue si c'est un roman ; le thème général si c'est un groupement. + • Les caractéristiques des supports : idées développées, écriture. + • Leur(s) visée(s) : les effets produits sur les lecteurs et lectrices.
Jugement personnel
• L'intérêt du livre ou du groupement. • Éventuellement la comparaison avec d'autres supports.

- En quoi la fiche s'appuie-t-elle sur la formulation des consignes ci-dessus ?
- Entraînez-vous à utiliser cette fiche en donnant un exemple pour chaque item.

LES MODALITÉS D'ÉVALUATION

Les deux parties de l'épreuve et leur durée

- Un **exposé** : 10 min au maximum.
- Un **entretien** avec l'examinateur ou l'examinatrice : 5 min au minimum.

L'exposé sur l'œuvre ou le groupement

- Sans document apporté par le ou la candidat(e).
- Appui sur la prise de notes rédigée pendant la préparation.

L'entretien avec l'examinateur(trice)

- Il(elle) revient sur des points de l'exposé et ouvre éventuellement sur les programmes général et limitatif, sur d'autres œuvres...
- C'est un vrai **dialogue** qui témoigne de la capacité du candidat ou de la candidate à participer en interaction à l'échange.

L'évaluation et la notation finale

Voir ci-contre.

B. Le déroulement de l'oral : 15 min

Quelques conseils pour l'oral

Pour l'exposé

- Saluez l'enseignant(e) qui va vous faire passer l'épreuve.
- Présentez-vous : vos nom et prénom, votre établissement, l'intitulé de votre bac pro.
- Ne lisez pas votre prise de notes réalisée durant la préparation et regardez la personne à laquelle vous vous adressez.
- Ne parlez pas trop vite, ni trop fort, ni trop bas !
- Différenciez bien les étapes de votre exposé. (Voir fiche ci-contre.)
- Utilisez un lexique spécialisé prouvant que vous maîtrisez votre sujet.

Pour l'entretien

- Répondez précisément aux questions de votre examinateur ou examinatrice en reprenant certains de ses termes.
- Si vous n'avez pas compris la question, demandez poliment sa reformulation.
- N'hésitez pas vous-même à ouvrir l'échange en vous référant à d'autres connaissances, d'autres exemples...
- Saluez l'enseignant(e) également lors de votre départ.

➘ Relevez dans la liste de conseils ci-dessus ceux que vous n'auriez pas mis en œuvre spontanément.

➘ Illustrez ces conseils oralement ou par écrit quand c'est possible.

Les critères d'évaluation et de notation

– Qualité de précision et d'organisation dans la présentation faite par le ou la candidat(e) :	*4 points*
– Qualité d'écoute et de participation à l'échange :	*3 points*
– Correction de l'expression orale :	*3 points*
	NOTE : .../10

➘ Quelles remarques vous suggèrent ces critères d'évaluation et de notation ?

À VOTRE TOUR

➘ Relisez les encadrés méthodologiques de cette page, puis regardez le **tuto de Zoé**.

➘ Organisez des jeux de rôle et, si possible, filmez-vous ! L'un de vous joue le candidat et présente un groupement ou une œuvre étudiés durant l'année. L'autre joue l'examinateur ou examinatrice en adaptant son questionnement à l'exposé. Vous débriefez ensuite collectivement ou individuellement vos prestations en regardant les séquences filmées et vous relevez les points à améliorer.

vidéo
L'épreuve de contrôle au bac pro.
foucherconnect.fr/21f29

Sujet de bac pro « Le jeu : futilité, nécessité »

A. L'ensemble du sujet d'examen

Texte 1

Roman autobiographique écrit en 1878, L'Enfant *raconte la vie d'un écolier nommé Jacques Vingtras. Jules Vallès dédie ce livre « à tous ceux qui crevèrent d'ennui au collège ou qu'on fit pleurer dans la famille, qui, pendant leur enfance, furent tyrannisés par leurs maîtres ou rossés par leurs parents ».*

Il y a un jardin derrière l'école, avec une balançoire et un trapèze.

Je regarde avec admiration ce trapèze et cette balançoire ; seulement il m'est défendu d'y monter.

C'est ma mère qui a recommandé aux parents du petit garçon de ne pas me laisser me balancer ou me pendre.

Mme Haussard, la directrice, ne se soucie pas d'être toujours à nous surveiller, mais elle m'a fait promettre d'obéir à ma mère. J'obéis.

Mme Haussard aime bien son fils, autant que ma mère m'aime ; et elle lui permet pourtant ce qu'on me défend !

J'en vois d'autres, pas plus grands que moi, qui se balancent aussi.

Ils se casseront donc les reins ?

Oui, sans doute ; et je me demande tout bas si ces parents qui laissent ainsi leurs enfants jouer à ces jeux-là, ne sont pas tout simplement des gens qui veulent que leurs enfants se tuent. Des assassins sans courage ! des monstres ! qui, n'osant pas noyer leurs petits, les envoient au trapèze – et à la balançoire !

Car enfin, pourquoi ma mère m'aurait-elle condamné à ne point faire ce que font les autres ?

Pourquoi me priver d'une joie ?

Suis-je donc plus cassant que mes camarades ?

Ai-je été recollé comme un saladier ?

Y a-t-il un mystère dans mon organisation ?

J'ai peut-être le derrière plus lourd que la tête !

Je ne peux pas le peser à part pour être sûr.

En attendant je rôde, le museau en l'air, sous le petit gymnase, que je touche du doigt, en sautant comme un chien après un morceau de sucre placé trop haut.

Mais que je voudrais donc avoir la tête en bas !

Oh ! ma mère ! ma mère !

Pourquoi ne me laissez-vous pas monter sur le trapèze et me mettre la tête en bas !

Rien qu'une fois !

Vous me fouetterez après, si vous voulez !

Mais cette mélancolie même vient à mon secours et me fait trouver les soirées plus belles et plus douces sur la grande place qui est devant l'école, et où je vais, quand je suis triste d'avoir vu le trapèze et la balançoire me tendre inutilement les bras dans le jardin !

La brise secoue mes cheveux sur mon front, et emporte avec elle ma bouderie et mon chagrin.

Jules Vallès, *L'Enfant*, 1878.

Texte 2

Dans ce récit autobiographique, Jean-Paul Sartre évoque ses souvenirs d'enfance au sein d'une famille bourgeoise, entre 1905, année de sa naissance, et 1917. Son père meurt alors qu'il n'est âgé que de quinze mois ; il vivra dès lors avec sa mère, chez ses grands-parents, jusqu'à ses douze ans. Véritable auscultation minutieuse de soi, l'ouvrage Les Mots *est l'occasion pour l'écrivain de porter sur sa jeunesse un regard critique et empreint d'une certaine ironie.*

Dans cet extrait, l'auteur a huit ans et se trouve au jardin du Luxembourg à Paris.

Sur les terrasses du Luxembourg, des enfants jouaient, je m'approchais d'eux, ils me frôlaient sans me voir, je les regardais avec des yeux de pauvre : comme ils étaient forts et rapides ! comme ils étaient beaux ! Devant ces héros de chair et d'os, je perdais mon intelligence prodigieuse, mon savoir universel, ma musculature athlétique, mon adresse spadassine[1] ; je m'accotais à un arbre, j'attendais. Sur un mot du chef de la bande, brutalement jeté : « Avance, Pardaillan[2], c'est toi qui feras le prisonnier », j'aurais abandonné mes privilèges. Même un rôle muet m'eût comblé ; j'aurais accepté dans l'enthousiasme de faire un blessé sur une civière, un mort. L'occasion ne m'en fut pas donnée : j'avais rencontré mes vrais juges, mes contemporains, mes pairs, et leur indifférence me condamnait. Je n'en revenais pas de me découvrir par eux : ni merveille ni méduse, un gringalet qui n'intéressait personne. Ma mère cachait mal son indignation : cette grande et belle femme s'arrangeait fort bien de ma courte taille, elle n'y voyait rien que de naturel : les Schweitzer[3] sont grands et les Sartre petits, je tenais de mon père, voilà tout. Elle aimait que je fusse, à huit ans, resté portatif[4] et d'un maniement aisé : mon format réduit passait à ses yeux pour un premier âge prolongé. Mais, voyant que nul ne m'invitait à jouer, elle poussait l'amour jusqu'à deviner que je risquais de me prendre pour un nain — ce que je ne suis pas tout à fait — et d'en souffrir. Pour me sauver du désespoir elle feignait l'impatience : « Qu'est-ce que tu attends, gros benêt ? Demande-leur s'ils veulent jouer avec toi. » Je secouais la tête : j'aurais accepté les besognes les plus basses, je mettais mon orgueil à ne pas les solliciter. Elle désignait des dames qui tricotaient sur des fauteuils de fer : « Veux-tu que je parle à leurs mamans ? » Je la suppliais de n'en rien faire ; elle prenait ma main, nous repartions, nous allions d'arbre en arbre et de groupe en groupe, toujours implorants, toujours exclus. Au crépuscule, je retrouvais mon perchoir[5], les hauts lieux où soufflait l'esprit, mes songes : je me vengeais de mes déconvenues par six mots d'enfant et le massacre de cent reîtres[6].

JEAN-PAUL SARTRE, *Les Mots*, © Éditions Gallimard, 1964.

1. Qui sait bien manier l'épée.
2. Héros d'une série de romans populaires publiés entre 1905 et 1918.
3. Nom de jeune fille de la mère de Sartre.
4. Que l'on peut porter comme un objet.
5. La bibliothèque de l'appartement où Sartre passe le plus clair de son temps.
6. Petits soldats allemands (jouets).

Document 3

Photographie de Robert Doisneau, *La voiture fondue*, 1944.

Sujet

FRANÇAIS

Durée : 3 heures - Coefficient : 2,5

Objet d'étude : « Vivre aujourd'hui : l'humanité, le monde, les sciences et la technique »

Thème du programme limitatif : « Le jeu : futilité, nécessité »

Première partie - Compétences de lecture *(10 points)*

Compréhension et interprétation

Texte 1

1. Quels sont les différents sentiments qu'éprouve le narrateur au fil de ce texte? Pourquoi? Pour répondre, aidez-vous du lexique et des types de phrases. *(2 points)*

Texte 2

2. Montrez que le jeu est, pour le narrateur, à la fois source d'imagination, de désir et de désillusion. Appuyez-vous sur des passages significatifs. *(3 points)*

Document 3

3. Comment le photographe exprime-t-il le plaisir de jouer des enfants, en dépit des circonstances? *(2 points)*

Confrontation

4. Quels points communs et différences pouvez-vous mettre en évidence entre les éléments du corpus? *(3 points)*

Seconde partie - Compétences d'écriture *(10 points)*

Pensez-vous que, quelle que soit l'époque, les jeux de l'enfance contribuent à l'épanouissement des individus? Démontrez votre point de vue en une quarantaine de lignes, à l'aide du corpus, de vos lectures de l'année et de vos expériences personnelles. Veillez à avancer des arguments convaincants, sans négliger la qualité de votre expression écrite.

POUR S'AUTO-ÉVALUER

Pour améliorer votre copie, ou pour comprendre *a posteriori* les remarques de l'enseignant(e), il est important de **se relire** avec recul.

Faites un premier point.

- Identifiez ce qui a été réussi… mais aussi ce qui a pu poser problème.
- Posez-vous des questions sur ce que vous n'avez pas compris dans les supports.

Relisez-vous attentivement.

- Assurez-vous que vos réponses sont **compréhensibles**, même sans avoir l'énoncé sous les yeux.
- **Relisez les consignes** : répondez-vous bien à tout ?
- Vérifiez que vous avez **justifié** vos propos.
- Consultez les encadrés des pages Méthode et les tutos vidéo.

Corrigez l'expression.

- Vérifiez la **ponctuation** et l'utilisation des **connecteurs**.

B. S'entraîner à évaluer sa copie

Pour bien relire la première partie de votre copie

Les questions de compréhension et d'interprétation

- **Texte 1** Combien de sentiments différents avez-vous identifiés ? Les avez-vous nommés ? Expliqués ?
- **Texte 2** Votre réponse est-elle structurée autour des trois éléments de la consigne ?
- **Document 3** Comment avez-vous étayé chaque élément de la réponse ?

La question de confrontation

- Comment avez-vous organisé votre réponse ? En notant les points communs et différences ? En dégageant des idées communes ? Avez-vous opéré des rapprochements entre deux documents ? Lesquels ? Pourquoi ?

Pour bien évaluer vos compétences en écriture

Aidez-vous de la grille proposée à la page 109.

- Identifiez, dans votre copie, les exemples tirés du corpus. Lesquels sont extraits de vos lectures ? De votre expérience ?
- Comment avez-vous structuré votre propos ?
- Combien d'arguments et/ou contre-arguments avez-vous mobilisés ?
- Avez-vous bien ponctué votre écrit et utilisé des connecteurs ?
- Corrigez les erreurs repérées.

À VOTRE TOUR

- Vous pouvez, si vous le souhaitez, essayer de noter votre propre copie, ou celle d'un(e) camarade !
- Entraînez-vous sur un autre sujet de bac pro traitant du thème du programme limitatif.

Programme limitatif 2021-2023

pdf

Sujet de bac pro sur le programme limitatif.

foucherconnect.fr/21f45

Sujet mis à jour tous les deux ans.

Places, photographie de Rudi Sebastian.

Se projeter dans l'après-bac

Accompagnement à l'orientation

Faire le point sur les acquis de sa formation

Vos documents

doc. A Se questionner sur ses qualités personnelles

Avant de commencer à chercher un emploi, Yassine fait le point sur sa personnalité.

Yassine, 19 ans, diplômé du bac pro Métiers de la beauté et du bien-être, option coiffure.

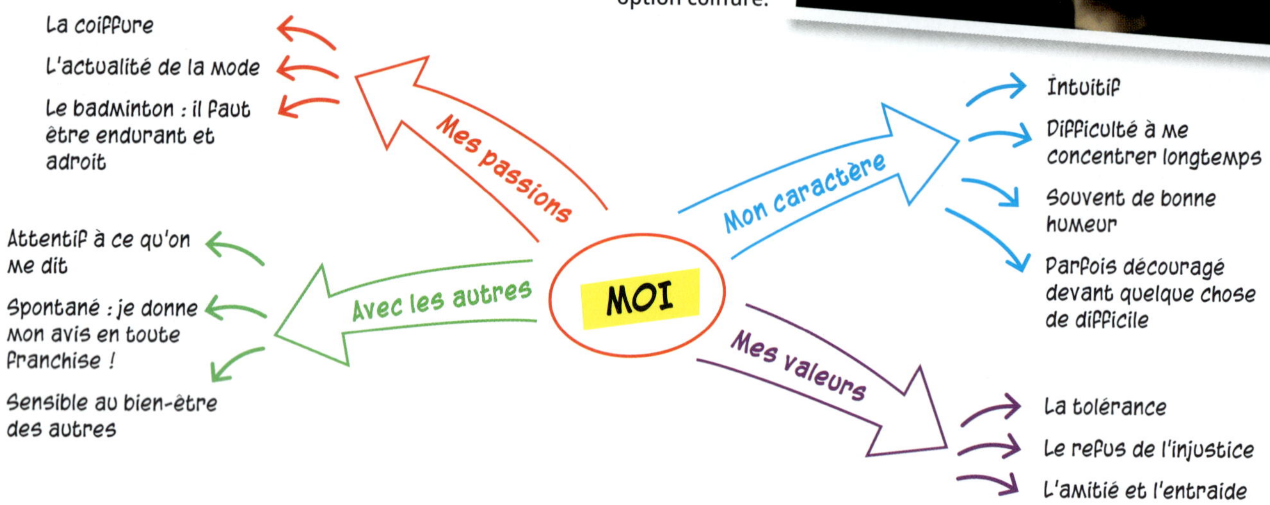

doc. B Lister ses acquis professionnels

Yassine complète son bilan par des informations d'ordre professionnel en analysant ses expériences en PFMP et en enseignement professionnel.

	PFMP	Enseignements professionnels
2de	- Préparation et entretien des postes de travail, des espaces du salon et des équipements. - Accueil des clients, shampoing, soins.	- Notions d'hygiène en milieu professionnel. - Technologie des produits et du matériel.
1re	- Compétences acquises. + - Réalisation de coupes et de couleurs. - Gestion du fichier client, prise de rendez-vous.	- Compétences acquises. + - Communication commerciale (outils, technique). - Devis, vente, encaissement. - Techniques de coupe et d'application des couleurs.
Tle	Compétences acquises. + - Propositions de coupes et de taille de barbe. - Vente et animation commerciale des produits de soins.	- Compétences acquises. + - Diagnostics capillaire et dermatologique. - Animation et gestion commerciale. - Gestion de plannings.

Votre démarche

1 Connaissez et exprimez vos qualités et vos défauts. doc. A

- Reformulez les titres des rubriques utilisées par Yassine pour se questionner. Expliquez le sens de chacune d'entre elles.
- Justifiez la complémentarité de ces rubriques. Pouvez-vous en proposer d'autres ?

2 Déterminez vos acquis professionnels. doc. B

- Montrez, grâce au tableau, que les compétences de Yassine se sont construites progressivement.
- Choisissez un exemple de deux compétences qui se correspondent et se complètent dans le bilan. Qu'en concluez-vous ?

3 À votre tour, réalisez votre bilan de fin de cycle.

- Préparez les deux documents utiles à votre bilan grâce au Mémo et à l'exemple donné par Yassine. Personnalisez les rubriques et adaptez-les à votre formation.
- Contrôlez l'efficacité de votre démarche en partageant le bilan avec vos professeurs, vos camarades ou vos proches.

Mémo

Construire un bilan de fin de cycle

Se connaître

- **Soi :** ce que l'on fait, ce que l'on aime, ce dont on est capable, ce qui est plus difficile...
- **Soi vis-à-vis des autres :** ce que l'on accepte, ce que l'on refuse, ce que l'on recherche, ce qui nous aide ou crée un obstacle...

Répertorier ses acquis

- Répertorier les expériences et les savoirs construits en entreprise lors des **PFMP**.
- Analyser ce qui a été fait pendant les trois années d'**enseignement professionnel**.
- Expliquer la **complémentarité entre école et entreprise**.

Entraînez-vous !

PARCOURS BLEU

1 **Classez** les qualités décrites dans une des catégories : avec les autres, mon caractère, mes valeurs, mes passions.

Je sais faire preuve de patience devant une tâche à accomplir ; je travaille mieux en collaborant avec d'autres personnes ; j'ai besoin d'un cadre strict pour me concentrer ; je suis plutôt à l'aise en public.

2 **Écrivez** une phrase avec chaque verbe correspondant à votre formation.

Accueillir, appliquer, communiquer, contrôler, écouter, fabriquer, gérer, mettre en place, participer, planifier, respecter, réparer, vendre.

3 **Identifiez** les activités de ce témoignage d'un diplômé en bac pro Gestion-administration.

« *J'ai appris à répondre au téléphone pour organiser, grâce à l'informatique, des rendez-vous et des réunions, et à tenir à jour un agenda professionnel.* »

PARCOURS ORANGE

Enrichissez le bilan personnel que vous avez créé en effectuant un test en ligne sur la page « emploi » du média *Ouest-France*. Vous pourrez aussi réaliser d'autres questionnaires sur votre motivation et vos capacités.

Testez en ligne votre personnalité

site
Test métiers : votre personnalité. Quels sont les comportements qui vous caractérisent ?
foucherconnect.fr/21f30

Vers l'emploi

Comparez les résultats du test en ligne de *Ouest-France* avec votre bilan personnel et affinez celui-ci en ajoutant ce que vous avez appris de complémentaire sur votre personnalité et votre parcours.

Préparer et rédiger un CV efficace

Vos documents

doc. A Le témoignage d'une élève sur sa formation

Laura Nguyen, lauréate d'un bac pro MEI (Maintenance des équipements industriels), raconte ce qu'elle a vécu durant sa formation.

« À la fin du collège, j'avais compris que de longues études n'étaient pas pour moi. Mais je ne savais pas quoi faire. Je savais surtout que je ne voulais pas rester derrière un bureau et avoir quelqu'un sur le dos. Je me suis retrouvée par défaut en bac pro MEI. J'ai pensé lâcher vite, un peu seule au milieu de garçons. Mais je me suis aperçue que j'étais capable de suivre et j'ai pris confiance. J'ai toujours aidé mon père pour bricoler et mon frère avait fait un bac pro en électrotechnique. J'ai découvert que la maintenance industrielle est riche (électricité, mécanique...). Il faut trouver les pannes, chercher ce qui cloche. Ça m'a plu ! J'ai eu le déclic en entrant chez Thyssen pour mon dernier stage avec un ascensoriste. J'avais ma place dans ce travail. On est souvent en déplacement et on ne s'ennuie jamais. Pour une fille, ascensoriste n'est pas courant... mais j'ai du caractère ! »

doc. B Son CV

18 ans
Célibataire
Permis B

Informations personnelles

12 rue de l'Ancien Bac
67000 Strasbourg

Domicile : 03 68 98 44 XX
Portable : 06 64 31 27 XX

E-mail :
laura.nguyen@connect.fr

Profil professionnel

Rigoureuse et organisée, je suis toujours en recherche de solutions pour identifier et résoudre les pannes de vos ascenseurs grâce à de solides notions de mécanique, d'électricité et de pneumatique.

Laura Nguyen
Ascensoriste

FORMATION ET DIPLÔMES

- Juin 2021 : **Baccalauréat professionnel MEI**
Lycée polyvalent Rudloff (Strasbourg - 67000), mention bien
- Juin 2018 : **Brevet des collèges**
Collège Foch (Strasbourg - 67000)

COMPÉTENCES

- Diagnostic de pannes
- Contrôle des systèmes
- Réalisation des réparations
- Compte-rendu d'intervention

EXPÉRIENCES

- Novembre 2020 - janvier 2021 : **Ascensoriste** (stage)
ThyssenKrupp Ascenseurs Strasbourg (Hoenheim - 67800)
Missions : - Réparation
- Rénovation / modernisation et mise en conformité d'ascenseurs
- Réglages des guides et des portes palières
- Septembre 2020 - mai 2021 : **Installatrice** (projet de chef-d'œuvre)
Missions : - Conception
- Installation et maintenance d'un accès par barrière du local vélo au lycée Rudloff
- Janvier - mars 2020 : **Technicienne de maintenance** (stage)
Electromat (Bischeim - 67800)
Missions : - Maintenance corrective et préventive sur site industriel
- Juillet - août 2019 : **Équipière polyvalente** (CDD)
Burger Plus (Palavas-les-Flots - 34250)

CENTRES D'INTÉRÊT

- Escalade (niveau 6a)
- Pilotage de drones (membre d'une association depuis 3 ans)

doc. C Le générateur de CV de l'Onisep

Pour sa recherche d'emploi, Laura rédige son CV. Elle cible un métier qui la motive : la réparation d'ascenseurs.

Créez votre CV.

vidéo

« Mon CV en ligne » : un formulaire de l'Onisep pour faciliter la rédaction de son CV.

cvenligne.onisep.fr

Votre démarche

1 Examinez le parcours de Laura. ➲ doc. A

- Relevez dans son autoportrait des expressions qui la caractérisent sur les plans humain et professionnel.
- Pensez-vous qu'elle présente les qualités pour obtenir un emploi ? Pourquoi ?

2 Relevez les liens entre son bilan personnel et son CV.

- Quels points communs constatez-vous entre le témoignage de la jeune fille ➲ doc. A et son CV ➲ doc. B ?
- En quoi le récit de son parcours a-t-il pu l'aider ?

3 Analysez le CV. ➲ doc. B

- Son contenu. Justifiez le titre et l'ordre des rubriques. Que vise chacune d'elles ? Quelles rubriques sont, à votre avis, indispensables pour un employeur ? Que remarquez-vous sur les procédés d'écriture ?
- Sa mise en page. Ce CV vous semble-t-il lisible et attractif ? Pourquoi ? Pensez-vous que la photographie est bien choisie ?

4 À votre tour, réalisez vos propres bilan et CV.

- Si vous le souhaitez, rendez-vous sur le générateur de CV du site de l'Onisep ➲ doc. C pour renseigner les différentes rubriques.
- Faites lire votre CV à vos proches et tenez compte de leurs remarques.

Mémo

Petite histoire du CV

Le sigle « CV » signifie en latin « ***curriculum vitae*** », qui se traduit en français par « déroulement de la vie ».

Léonard de Vinci en rédige un pour le duc de Milan en 1482 en y présentant ses compétences d'ingénieur.

Courant dès les années 1930 pour donner des informations pratiques, le CV devient vite **obligatoire** pour valoriser le profil d'un candidat.

Aujourd'hui, la vidéo, Internet, les réseaux sociaux sont de nouveaux moyens de production et de diffusion du CV.

Entraînez-vous !

PARCOURS BLEU

1 **Complétez** les mots, ou parties de mots, manquants de ce « profil professionnel ». **Justifiez** vos propositions sur les plans du lexique et de la grammaire.

« Dynamique, je... facilement avec les clients ou les fournisseurs. Je sais travaill... de façon..., mais aussi en... quand cela est nécessaire. Mes... en vente et en gestion du stock sont... . Je suis capable de.... pour répondre aux... de l'entreprise. »

2 Afin de vous exercer à la rédaction des qualités présentées dans les CV, **transformez** la liste de verbes en adjectifs qualificatifs qui traduisent certaines de ces qualités professionnelles : par exemple, *communiquer* → *communicatif*.

Soigner, réfléchir, persuader, s'organiser, exiger, agir, convaincre, inventer, coopérer.

PARCOURS ORANGE

Après avoir visionné l'extrait du film, **reconstituez** le CV du candidat qui se présente à l'entretien d'embauche mis en scène.

vidéo
À la recherche du bonheur, film de Gabriele Muccino, 2006.
foucherconnect.fr/21f31

Appliquez le modèle donné dans la page précédente (rubriques, mise en mots, mise en page) et **servez**-vous du générateur de CV conseillé. **Adaptez** si besoin aux spécificités de la candidature le CV que vous créerez.

Vers l'emploi

Renseignez-vous sur les CVthèques et les réseaux d'emploi (LinkedIn, Viadeo, Indeed...). Vous pourrez vous y **créer** un profil et **mettre en ligne** le CV que vous venez de rédiger.

Rédiger un courriel et une lettre de motivation

Vos documents

doc. A Des conseils de professionnels

Regardez les conseils de Pôle Emploi.

vidéo
Lettre de motivation ou e-mail de motivation ?
foucherconnect.fr/21f32

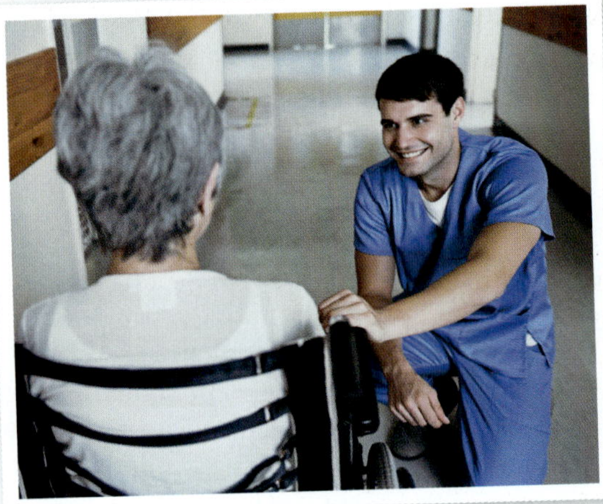

Tom, 18 ans, diplômé du bac pro ASSP

doc. B Un courriel de motivation en réponse à une offre d'emploi

À : Éveil & Solidarités

Objet : Candidature pour un poste d'accompagnant de personnes en situation de handicap

De : Tom Marcovaldo

Pièce jointe : lettre-motivation.pdf

Monsieur,

Nous sommes voisins et je sais combien votre association bénéficie aux personnes fragiles comme à la vie sociale du quartier de notre ville. En réponse à votre annonce parue sur Netjob, je vous propose de nous rencontrer. Diplômé cette année d'un bac professionnel ASSP, je souhaiterais travailler à vos côtés et compléter votre équipe. Un CV et une lettre de motivation en pièces jointes vous précisent les motivations de ma candidature.

Avec tous mes remerciements,

Tom Marcovaldo

doc. C Un exemple de lettre de motivation

Tom Marcovaldo
36, rue du Petit-Sol
24 100 Bergerac
06.88.15.25.XX
Tom.marcovaldo@connect.fr

M. Rouget
Éveil & Solidarités
93, boulevard Victor-Hugo
24 100 Bergerac

Bergerac, le 10 juillet 2021

Objet : poste d'accompagnant pour personnes fragiles et en situation de handicap

Monsieur,

La lecture de votre annonce sur Netjob a retenu toute mon attention. Je vous présente aujourd'hui ma candidature pour intégrer vos équipes auprès des personnes en difficultés humaines et sociales.

En effet, l'intervention par l'un des vos accompagnants l'an passé dans mon lycée a confirmé une vocation précoce. Jeune diplômé du baccalauréat professionnel ASSP (avec mention « bien »), je souhaite à mon tour m'engager et pratiquer un accompagnement bienveillant et responsable. Mon plus récent stage a renforcé des compétences fondamentales : écoute, polyvalence, réactivité. Il a aussi précisé mon envie de collaborer spécialement auprès du public en situation de handicap pour le guider vers plus d'autonomie et d'épanouissement.

Souhaitant vivement vous rencontrer pour discuter ensemble d'une future collaboration, je vous prie d'agréer mes salutations distinguées.

Tom Marcovaldo

Votre démarche

1 Identifiez les enjeux du courriel et de la lettre de motivation. ➔ doc. A ➔ doc. B

- Visionnez la vidéo ➔ doc. A, puis expliquez ce qui va déclencher la curiosité de l'employeur dans la première phrase du courriel.
- Déterminez quelles sont les informations concrètes de ce courriel.

2 Analysez l'exemple de lettre de motivation. ➔ doc. C

- Vérifiez si les trois étapes clés nommées dans le Mémo sont ici respectées. Expliquez.
- Trouvez-vous que la lettre de motivation complète et développe efficacement le courriel de Tom ? Justifiez.

3 À votre tour, réalisez votre lettre de motivation et le courriel l'accompagnant.

- Préparez vos documents en simulant la réponse à une annonce.
- Tenez compte des conseils fournis dans le Mémo et veillez à la qualité rédactionnelle de votre lettre.

Mémo

Motiver sa candidature

Le courriel suscite la curiosité par son accroche. Il annonce les documents qu'il précède (lettre et CV) et apporte des informations simples (poste souhaité, diplôme).

La lettre de motivation inclut les raisons de s'adresser à l'entreprise. Elle expose les qualités professionnelles et personnelles du candidat et formule la sollicitation cordiale à un entretien.

Ce type d'écrit doit respecter **certains codes** :
- l'utilisation de marques d'énonciation (les pronoms : *je*, *vous* de politesse) ;
- l'expression du but (« pour + infinitif ») ;
- l'emploi de connecteurs logiques ;
- un niveau de langue courant ou soutenu.

Entraînez-vous !

PARCOURS BLEU

1 **Identifiez** dans les exemples suivants les marques de l'énonciation et **justifiez** l'accord des terminaisons verbales.

› Grâce à mes stages, j'ai pu développer une expérience de terrain solide et concrète.

› Je partage les valeurs professionnelles que vous avez su développer depuis trente ans.

› Je sais être rigoureux et mets tout en œuvre pour faire progresser mes compétences.

2 **Inventez** trois phrases reposant sur la construction « pour + verbe à l'infinitif » qui pourraient trouver place dans votre lettre.

3 **Complétez** les trois phrases suivantes à l'aide du connecteur logique adapté.

› J'ai progressé dans la maîtrise des connaissances nécessaires à ce poste.

› Je me tiens à disposition pour vous rencontrer dans les meilleurs délais.

› Mes compétences ont été consolidées par mes différents stages.

PARCOURS ORANGE

Préparez et **rédigez** la lettre de motivation d'un personnage de fiction que vous appréciez particulièrement. Ce personnage peut être issu de la littérature, du cinéma, des mangas ou des jeux vidéo.

fichier
Grille pour évaluer sa lettre de motivation.
foucherconnect.fr/21f33

Respectez les conseils de construction donnés par le Mémo.

Vers l'emploi

Échangez vos lettres de motivation et **évaluez**-les à l'aide de la grille d'évaluation proposée en lien.

Réussir un entretien d'embauche

Vos documents

doc. A Quelques conseils de professionnels de Pôle Emploi

Regardez les conseils de Pôle Emploi.

vidéo
Comment bien préparer son entretien d'embauche ?
foucherconnect.fr/21f34

vidéo
Les 5 questions les plus fréquentes en entretien.
foucherconnect.fr/21f35

doc. B Une scène de théâtre

Le candidat n°4 entre. Il traîne une malle avec plein de papiers. Les deux recruteurs le regardent interloqués.

Recruteur 1. – Bonjour, installez-vous.
Candidat 4 (*essoufflé*). – Bonjour. Excusez-moi. C'est un peu encombrant.
Recruteur 2. – Qu'est-ce que c'est ?
Candidat 4. – Ce sont mes diplômes.
Recruteur 1. – Quoi ? Tout ça ?!
Candidat 4. – Oui, j'étais pas trop sûr de moi. J'ai changé de cursus plusieurs fois.
Recruteur 2. – Combien de fois ?
Candidat 4. – 123 fois, en tout. Mais là, c'est bon, j'ai tout.
Recruteur 1. – Tout ?
Candidat 4. – Tous les diplômes possibles.
Recruteur 2. – Vous voulez dire que vous avez un bac, un BTS, un DUT...
Candidat 4. – Ah non, non ! J'ai TOUS les bacs possibles. TOUS les BTS qui existent...
Recruteur 1. – Mais vous avez quel âge ?
Candidat 4. – 68 ans.
Recruteur 2. – Mais c'est l'âge d'être en retraite !
Candidat 4. – De quoi ?
Recruteur 1. – Il a raison. Vous êtes trop vieux pour travailler.
Candidat 4. – Mais ! Et mes diplômes ?
Recruteur 2. – Brûlez-les ! Ils ne vous serviront à rien.

Jérôme Vuittenez, *L'Entretien d'embauche*, Proscenium.

doc. C Une mini-série

Regardez un épisode de la série humoristique.

vidéo
Un entretien, de Benjamin Lavernhe, 2015 : « Minutieux ».
foucherconnect.fr/21f36

Votre démarche

1 Observez les conseils pour un entretien. doc. A

- Listez les mots les plus importants de la première vidéo qui montrent comment bien préparer un entretien d'embauche.
- Après avoir regardé la seconde vidéo, listez les questions qu'un recruteur pourrait vous poser pour un poste dans votre spécialité et préparez vos réponses.

2 Analysez deux entretiens de fiction.

- doc. B Pourquoi la situation, ici, est-elle surprenante ?
- Quel regard porte cette scène sur la nécessité ou non d'être diplômé pour réussir à trouver un emploi ?
- doc. C Caractérisez les réponses du candidat et précisez la réaction du recruteur. La situation vous semble-t-elle fidèle à la réalité ?
- doc. B et doc. C Les personnages qui se présentent sont-ils bien préparés à leur entretien ? Leur entretien est-il réussi ?

3 Faites le point sur l'entretien d'embauche.

- Dites en quoi ces documents peuvent vous être utiles pour réussir un entretien d'embauche.

Mémo

Recruteurs(euses) en entreprise

DRH

Directeur ou directrice des ressources humaines. Il (ou elle) dirige le service en charge du recrutement, de la formation, de la promotion ou du licenciement des employés d'une entreprise.

Chasseur(euse) de tête

Il (ou elle) débusque des talents afin de trouver la « perle rare » pour le compte d'une entreprise.

Entraînez-vous !

PARCOURS BLEU

Voici ci-dessous les réponses d'un candidat. **Imaginez** et **rédigez** les questions qu'a pu lui poser un recruteur lors d'un entretien d'embauche.

› J'en pratique deux couramment.

› Je pense que c'est la ténacité.

› J'ai commencé par préparer un BEP, puis j'ai obtenu mon bac pro en 2015. Je prépare actuellement un BTS en alternance.

› Parce que je me retrouve dans les valeurs de votre entreprise.

› Que je suis le collègue idéal et en qui on peut avoir confiance.

› Je ne suis pas expert de ce produit, mais je saurai apprendre.

› Ce fut une réelle expérience pour moi et c'est ce qui m'a motivé pour candidater chez vous.

› J'aimerais savoir comment est structuré le service pour mieux vous répondre.

PARCOURS ORANGE

vidéo
Un entretien, de Benjamin Lavernhe.
foucherconnect.fr/21f37

Rédigez le dialogue d'un entretien d'embauche pour un stage. Vous indiquerez en italique les pensées du recruteur.

Vous pouvez vous inspirer d'un épisode de la mini-série *Un entretien* de Benjamin Lavernhe.

Vers l'emploi

Jouez votre dialogue sans lire les pensées du recruteur et **écoutez** les réactions de vos camarades. Auront-ils deviné ce à quoi pensait parfois le recruteur ?

Rédiger son projet de formation motivé sur Parcoursup

Vos documents

Deux élèves dans des filières professionnelles différentes veulent poursuivre leurs études après leur bac pro. Tous deux ont rédigé leur projet de formation motivé sur traitement de texte, avant de le copier sur la plateforme de Parcoursup.

doc. A Axel, élève de terminale professionnelle Logistique

1 Madame, Monsieur,

Je suis actuellement en classe de terminale baccalauréat professionnel Logistique au lycée François Cevert d'Écully.

2 Mon ambition serait d'intégrer le BTS « Gestion des transports et logistique associée » (GTLA) au sein de votre établissement, dès la rentrée prochaine, afin de poursuivre ensuite en licence professionnelle « Management des processus logistiques ». J'envisage en effet de diriger un jour une entreprise de transport.

3 J'ai déjà pu mettre en œuvre certaines compétences acquises au lycée lors de stages effectués dans plusieurs entreprises de transports et de logistique.

4 Par ailleurs, je suis organisé, rigoureux et j'aime le travail en équipe. Je pense par conséquent avoir les qualités nécessaires pour poursuivre mes études dans ce secteur.

5 Je reste à votre entière disposition pour un éventuel entretien afin de vous montrer ma détermination et vous présenter plus précisément mes motivations.

6 Veuillez agréer, Madame, Monsieur, l'expression de mes sentiments respectueux.

Axel Libert

doc. B Fatou, élève de terminale professionnelle ASSP

Madame, Monsieur,

Scolarisée au lycée Sévigné de Tourcoing en terminale Accompagnement, soins et services à la personne, je souhaiterais intégrer votre formation en soins infirmiers. J'ai en effet pu découvrir votre établissement lors de la journée portes ouvertes, ce qui m'a confortée dans mon choix.

Mon intérêt pour le métier d'infirmière s'est développé au fur et à mesure de ma scolarité, grâce à des enseignements comme la biologie et les sciences médico-sociales, et surtout à travers mes stages, où j'ai pu effectuer des soins en EHPAD, en maison d'accueil spécialisée ou en crèche. Ceux-ci ont été l'occasion pour moi de pousser ma curiosité en découvrant de nombreux aspects du métier d'infirmière, ainsi que ses débouchés.

J'ai conscience que ce métier demande de faire preuve d'endurance, d'organisation, de réactivité, de patience et de motivation. Je pense pouvoir répondre à ces exigences.

Enfin, j'aime m'occuper des autres. Ainsi je fais du bénévolat et participe à des maraudes avec l'association « La rue c'est nous ».

Très cordialement,

Fatou Cissé

doc. C Des conseils en vidéo

tutoriel
Rédiger son projet motivé sur Parcoursup
foucherconnect.fr/21f38

Votre démarche

1 Observez des projets de formation motivés. doc. A doc. B

- À quoi correspond chaque partie mentionnée dans le doc. A ? Quelles sont les différentes informations données ? Ces dernières sont-elles en cohérence avec la formation visée ?
- Relevez le lexique mélioratif utilisé par les candidats.
- Outre la formation et le parcours, quelle différence voyez-vous entre ces deux projets ?

2 Dégagez des procédés d'écriture. doc. A doc. B

- À quel type d'écrit ce « projet de formation motivé » ressemble-t-il ? Quels éléments caractéristiques retrouve-t-on alors ?
- Comment les candidats montrent-ils leur motivation ?
- Ces projets permettent-ils aux candidats de se singulariser ?
- Les projets présentés comptent environ 1 000 caractères sur les 1 500 autorisés : comment pourrait-on les enrichir ?

3 Rédigez votre projet personnel. doc. C

- À votre tour, rédigez votre propre lettre en lien avec votre projet post-bac. Évoquez vos expériences et ce qui vous singularise. Aidez-vous du Mémo et/ou du tuto.

Mémo

Le projet de formation motivé sur Parcoursup

Il permet d'exposer les raisons pour lesquelles on postule à une formation.

- **Renseignez-vous** sur les formations (site Onisep, salons, onglet formations sur Parcoursup).
- **Au brouillon, faites le point** sur votre projet professionnel, vos expériences et listez vos atouts et points faibles.
- **Rédigez et structurez** votre texte : présentation, objet de la lettre, motivations, qualités et compétences développées, centres d'intérêt.
- **Sur Parcoursup**, copiez votre lettre et relisez-vous !

Entraînez-vous !

PARCOURS BLEU

1 Trouvez des synonymes pour les verbes employés dans les expressions suivantes.

Faire un stage – faire une formation ou un BTS – avoir un projet – avoir des compétences ou connaissances – avoir des qualités.

2 Réécrivez cette ébauche de lettre qui a été partiellement effacée.

[redacted] en terminale Métiers de l'ac[redacted] au lycée Paul Painlevé à Courbevoie, je souhaite poursuivre [redacted] dans le domaine de la psychologie, mon objectif étant d'exercer plus tard le métier de psych[redacted] pour les ado[redacted]. Passionnée par ce [redacted] depuis plusieurs années, ma motivation et mon sérieux sont mes plus grandes [redacted]. Ma rigueur et mon assid[redacted] me permettent de fournir un travail soigné. Certes, j'ai suivi une autre filière, mais celle-ci m'a permis de développer des comp[redacted] pour la pro[redacted] à laquelle [redacted] me destine.

Léa Charpentier

PARCOURS ORANGE

1 Rédigez un texte (1 500 signes maximum) pour compléter la rubrique « activités et centres d'intérêt » sur Parcoursup. Celle-ci est facultative mais permet de se démarquer. Aidez-vous des pistes suivantes : *expériences d'encadrement ou d'animation, engagements associatifs ou bénévoles, expériences professionnelles, stages, pratiques sportives ou culturelles.*

2 De nombreuses étapes jalonnent la procédure d'inscription et la saisie des vœux sur Parcoursup. Pour n'oublier aucune échéance, **réalisez** un planning indiquant les dates limites de chaque étape, les rubriques que vous aurez à compléter, les différentes tâches à effectuer. **Aidez-vous** des informations présentes sur Parcoursup et des conseils de vos professeurs.

Vers le BTS

Pour un tour de table, **notez** au brouillon ce que vous attendez d'une formation en BTS. Quelles compétences et connaissances pensez-vous acquérir ?

Différencier l'explicite et l'implicite des textes

Vos documents

doc. A L'article d'un journal de fiction : Le gorafi.fr

Monde Libre, publié le 29 septembre 2015 par La Rédaction

Face à l'envahissement humain, les extra-terrestres réaffirment leur attachement à la race verte

Réunis en sommet extraordinaire dans la galaxie d'Andromède, plusieurs millions d'extraterrestres ont tenu à réaffirmer un attachement à la race verte, face à l'envahissement croissant de la race humaine dans le système solaire depuis quelques millions d'années.

« Ils sont désormais plusieurs milliards et dans quelques siècles ils seront chez vous à vous imposer leur racisme et leur sexisme », a expliqué à la tribune un représentant extraterrestre. Une peur qui grandit avec les dernières explorations spatiales réalisées ces derniers mois sur Pluton et Mars. « Il faut agir, il faut détruire leurs fusées sur place avant que celles-ci n'envoient des satellites ou bientôt, qui sait, des réfugiés », a lancé un autre, très remonté. « Notre civilisation est de race verte et d'une minorité de petit gris. C'est très bien qu'il y ait des Terriens dans un coin de la galaxie mais il faut que cela reste une minorité », a soutenu une députée.

Certains préfèrent tempérer ces propos et soutiennent qu'il faut au contraire tendre la main aux Terriens et les aider à se développer. Un collectif a même lancé une opération destinée à sensibiliser l'opinion publique. « Nous avons des centaines de planètes habitables vides qui pourront les accueillir, il faut les aider », explique ce collectif. « C'est une espèce qui souffre de clichés insupportables, il y a une possibilité d'intégration et cette espèce n'est pas aussi stupide et retardée que certains ne l'affirment. »

Le Gorafi (anagramme du quotidien *Le Figaro*), 29 septembre 2015.

doc. B L'article de l'Agence France Presse

SpaceX

Après un premier faux départ, la capsule spatiale va décoller ce samedi soir

Le lancement du premier vol habité partant des États-Unis depuis neuf ans, et le premier géré par une société privée, est prévu à 21 h 22.

[...] Fin de la dépendance russe ?

Crew Dragon est une capsule comme Apollo, mais version XXIe siècle. Des écrans tactiles ont remplacé boutons et manettes. L'intérieur est dominé par le blanc, l'éclairage plus subtil. Un seul cordon « ombilical » relie les combinaisons aux sièges pour fournir air frais et communications aux deux hommes. [...]

Si [Dragon] est certifiée sûre après le lancement de samedi, les Américains ne dépendront plus des Russes pour accéder à l'espace : depuis 2011, les Soyouz étaient les seuls taxis spatiaux disponibles. Les acheminements depuis la Floride redeviendront réguliers, avec quatre astronautes à bord.

AFP, 30 mai 2020.

Les astronautes de la NASA, Doug Hurley et Bob Behnken au Kennedy Space Center de Cap Canaveral, le 30 mai 2020.

Votre démarche

1 Caractérisez les documents. doc. A doc. B

- Les genres d'écrits. S'agit-il d'extraits de roman, de poèmes, de scènes de théâtre, d'articles de presse ? Justifiez votre choix.
- Leur date et leur lieu de publication. Quand ces documents ont-ils été écrits ? Où ont-ils été publiés ? Combien d'années les séparent ?
- Leur thème général. Quel est le sujet traité dans chaque support ? Quel lien existe-t-il entre les deux textes ?

2 Résumez leurs propos explicites.

- doc. A De quel fait rend compte le texte ? Quelles opinions opposées sont formulées ? Citez des expressions significatives.
- doc. B Quelles sont les trois informations présentes dans le texte ?

3 Exprimez leur message implicite.

- doc. A Que dénonce le « journaliste » sur la société des Terriens ? Expliquez le procédé littéraire utilisé. Pensez-vous que cette démarche est une stratégie argumentative efficace ?
- doc. B Que suggère le texte sur les relations entre les États-Unis et la Russie ? Quels mots ont guidé votre réponse ?

Mémo

Le texte et ses sous-textes

L'explicite

Ce qui est **clairement écrit** ou **dit**. Cela peut être vrai ou inventé, mais c'est énoncé directement.

L'implicite

Ce qui est **sous-entendu**.
Il suggère :
- des faits réels ou imaginaires ;
- des débats de société ;
- des références historiques, culturelles, politiques, etc.

Son interprétation varie selon l'origine, les expériences et la culture du public.

Entraînez-vous !

PARCOURS BLEU

Lisez cette fable de La Fontaine reproduite sans sa morale.
Formulez l'implicite de ce texte.

La grenouille qui veut se faire aussi grosse que le bœuf

Une grenouille vit un bœuf
Qui lui sembla de belle taille.
Elle, qui n'était pas grosse en tout
comme un œuf,
Envieuse, s'étend, et s'enfle, et se travaille,
Pour égaler l'animal en grosseur ;
Disant : « Regardez bien, ma sœur ;
Est-ce assez ? Dites-moi ;
n'y suis-je point encore ?
Nenni. M'y voici donc ? Point du tout.
M'y voilà ?
Vous n'en approchez point. »
La chétive pécore
S'enfla si bien qu'elle creva.

JEAN DE LA FONTAINE, *Fables*, livre I.

PARCOURS ORANGE

Lisez les proverbes. **Groupez**-les par thème (travail, morale, vie quotidienne). Puis **expliquez** oralement ou par écrit leur message implicite.

- Un tien vaut mieux que deux tu l'auras.
- Pierre qui roule n'amasse pas mousse.
- Qui vole un œuf vole un bœuf.
- Œil pour œil, dent pour dent.
- Les petits ruisseaux font les grandes rivières.
- À chaque jour suffit sa peine.
- Bien mal acquis ne profite jamais.
- Qui sème le vent récolte la tempête.
- Chacun pour soi, Dieu pour tous.
- C'est en forgeant qu'on devient forgeron.

Vers le BTS

Choisissez dans le manuel ou dans d'autres supports travaillés avec votre professeur(e) un texte et/ou une image dont les messages explicites ou implicites vous ont particulièrement marqué(e). **Formulez**-les et **expliquez** pourquoi. **Partagez** votre recherche avec vos camarades.

Décrypter les univers référentiels des œuvres

Vos documents

doc. A Des repères biographiques et un extrait de roman

ROBERT MERLE (1908-2004)

- Né en Algérie. Décès de son père à la guerre.
- Études brillantes.
- En 1939, agent de liaison. Prisonnier jusqu'en 1943.
- Professeur d'anglais à l'université de Nanterre en mai 1968.
- Célèbre pour sa fresque historique de 13 livres, *Fortune de France* (1547-1661).
- Membre du parti communiste jusqu'en 1979.
- Décès à 96 ans.

Au début du roman, le narrateur et ses amis trinquent à l'avenir dans la cave de son château médiéval quand tout s'éteint...

Il n'y avait rien d'autre, dans l'obscurité absolue de la chambre, que la respiration des trois hommes, et dehors, de l'autre côté des murs surchauffés, une planète morte. On l'avait tuée en plein printemps, les bourgeons à peine formés, les lapereaux à peine nés dans les terriers. Plus un animal. Plus un oiseau. Plus un insecte. La terre brûlée. Les maisons en cendres. Çà et là, des pieux déchiquetés et noircis qui avaient été des arbres. Et au milieu de tout cela une poignée d'hommes. Gardés en vie, peut-être, comme cobayes-témoins dans une expérience? C'était dérisoire. [...]

– C'est peut-être une bombe au lithium[1], dit Thomas.

Il ajouta d'une voix faible mais factuelle[2], et apparemment dénuée d'émotion.

– C'est une bombe propre.

J'entendis Meyssonnier remuer sur son fauteuil.

– Propre ! dit-il d'une voix morne.

– Ça veut dire sans retombées, dit la voix de Thomas.

– J'avais compris, dit Meyssonnier.

Le silence, à nouveau. Les respirations, rien de plus. Je presse mes deux tempes entre mes mains. Si la bombe était propre, c'est que celui qui l'a lancée envisageait d'envahir le territoire. Il ne l'envahirait pas. Il avait été détruit à son tour : le silence des postes radio le disait. Et pour la France, pas la peine même de supposer qu'elle avait eu le temps d'entrer en guerre. Détruite, la France, dans le cadre d'une stratégie globale, pour y prendre pied. Ou empêcher l'adversaire d'y prendre pied. [...]

– Il n'y a pas que la France, dit Thomas tout d'un coup. L'Europe entière. Le monde. Sans ça, on aurait pu capter d'autres postes.

ROBERT MERLE, *Malevil*, © Éditions Gallimard, 1972.

1. Matériau en fusion de la bombe H.
2. Objective, neutre.

doc. B Quelques références possibles

Frontispice et page de titre du roman de Daniel Defoe, *Robinson Crusoé*, 1719.

Incendie en Nouvelle-Galles du Sud, en Australie, le 10 janvier 2020.

Hiroshima, après l'explosion de la bombe atomique américaine lancée le 26 août 1945.

Votre démarche

1 Présentez l'œuvre et son extrait. doc. A

- Les sources du livre. Son auteur ? Son titre ? Sa date de parution ?
- Son genre et registre littéraires. Fait divers ou roman ? Réaliste ? Fantastique ? Science-fiction ? Utopie ou dystopie ? Justifiez.
- L'histoire. Racontez-la en quelques phrases.

2 Expliquez les univers référentiels de l'auteur.

- Listez toutes les références que livrent le paratexte et l'extrait sur l'œuvre, ainsi que les repères biographiques du créateur.
- Classez ces références par domaine en vous reportant au Mémo.

3 Comparez avec vos références personnelles. doc. A doc. B

- Que vous évoque personnellement cette œuvre ? Vous fait-elle penser à des romans, films, BD ou jeux vidéo ?
- Vos références sont-elles proches de celles de l'auteur ? Argumentez. Aidez-vous des images proposées dans le document B.

4 Interprétez l'œuvre et l'extrait.

- Quels liens tissez-vous entre les visées du roman à sa parution et notre air du temps actuel ?

Mémo

Les univers référentiels

Du côté de l'auteur(trice)

Même si l'histoire est inventée, une fiction renvoie au **monde réel** où s'est construit et vit son auteur.

Ses univers référentiels portent donc sur son histoire intime, ses goûts et sa culture artistiques, des faits historiques marquants, des débats idéologiques...

Du côté des lecteurs(trices)

Ils/elles ajoutent **leurs propres références** correspondant à leur vécu, leurs croyances, leurs connaissances, leurs engagements, leur époque...

Ces univers contribuent à l'interprétation du texte.

Entraînez-vous !

PARCOURS BLEU

Dégagez les univers référentiels de l'œuvre du point de vue de l'auteur et du lecteur. **Justifiez.**

1re de couverture

Moi, Alfa Ndiaye, dernier fils du vieil homme, j'ai vu les obus malicieux, les ennemis aux yeux bleus, le ventre ouvert de mon plus que frère, Mademba. [...] Ils disent que je mérite une médaille, que ma famille serait fière de moi. Moi, Alfa Ndiaye, dernier fils du vieil homme, je suis tirailleur sénégalais.

Né à Paris en 1966, David Diop a grandi au Sénégal. Il est actuellement maître de conférences à l'université de Pau.

4e de couverture (extrait)

David Diop, *Frère d'âme*, © Éditions du Seuil, 2018, « Points », 2019.

PARCOURS ORANGE

Commentez l'expression utilisée pour qualifier le roman de Robert Merle, *Malevil* : « une robinsonnade apocalyptique ».

Cherchez le sens des mots « robinsonnade » et « apocalypse ». **Mobilisez** votre culture littéraire et **documentez**-vous sur l'œuvre de Daniel Defoe, *Robinson Crusoé*. **Comparez** les ressemblances et les différences entre les fictions des deux auteurs.

Vers le BTS

Certains affirment que les romanciers travestissent la réalité et que leurs histoires ne rendent pas compte de la « vraie vie ».

En une quarantaine de lignes, **réfutez** leur opinion en vous appuyant sur les univers référentiels d'une ou deux œuvres que vous avez étudiées durant votre formation.

Donnez des exemples précis sur le contexte historique du récit, l'intrigue, les personnages, le registre littéraire.

Commenter une œuvre d'art

Vos documents

doc. A Zoom sur l'œuvre d'un artiste d'aujourd'hui, Dustin Yellin

Pour regarder l'œuvre en entier.

site internet
Site de l'artiste Dustin Yellin.
foucherconnect.fr/21f43

Dustin Yellin, *Migration in four parts (Migration en quatre parties)*, 2017. Élément d'un montage composé de verre, collage, acrylique, résine, acier.

doc. B Le commentaire de l'œuvre

Dustin Yellin, artiste contemporain new-yorkais né en 1975, propose une œuvre singulière et foisonnante. Par des collages placés dans des feuilles de verre, il offre de nombreuses créations en trois dimensions. Dans une réalisation saisissante mesurant plus de deux mètres de long, composée de quatre cubes, *Migration in four parts* (2017), l'artiste américain transmet son regard sur le monde et l'humanité. Représentant des foules anonymes et en mouvement, y mêlant des personnages ordinaires et mythiques, il interroge la place de l'homme sur Terre. Riche de symboles, l'œuvre fait cohabiter astronautes et hommes volants comme un clin d'œil à Icare et son père. La fusée et son échafaudage apparaissent comme une nouvelle tour de Babel. À travers une œuvre exubérante rappelant les tableaux de Jérôme Bosch, c'est un microcosme enfermé dans ces quatre cubes en verre qui nous invite à une réflexion sur le devenir de l'humanité.

Votre démarche

1 Observez l'œuvre d'art. doc. A

- Quels sont les différents éléments contextuels à identifier ?
- À l'aide de quels matériaux est réalisée l'œuvre ?
- Regardez l'œuvre dans sa globalité grâce au lien proposé. Comment la qualifieriez-vous ? Vous plaît-elle ?

2 Analysez la composition du commentaire. doc. B

- La référence à l'artiste. Quelles informations sont données sur lui ?
- La description de l'œuvre d'art. Quels éléments sont communiqués ? Que nous apprennent-ils ?
- L'analyse. Que doit-elle mentionner ? Comment en décrire la composition ? Quelles en sont les références (culturelles, bibliques, mythologiques...) ? Citez des expressions significatives.
- Le regard du commentateur sur l'œuvre. Est-il plutôt appréciatif ? Dépréciatif ?

3 À votre tour, choisissez une œuvre et rédigez son commentaire.

- Choisissez une œuvre (peinture, sculpture, photographie...) qui vous a particulièrement plu et composez votre commentaire en suivant la démarche du modèle proposé. doc. B

Mémo

Le commentaire d'une œuvre d'art

Il permet :
- de développer sa capacité d'**analyse** ;
- d'exprimer un **jugement** critique et argumenté sur l'œuvre ;
- de s'entraîner à **dénoter** (décrire) et **connoter** (analyser, interpréter) ;
- d'enrichir sa **culture artistique**.

Entraînez-vous !

PARCOURS BLEU

Transformez le commentaire en une fiche dont vous **déterminerez** les entrées.

Pour observer le tableau.

site internet
Kazoart blog : *A Bigger Splash* de David Hockney.
foucherconnect.fr/21f44

Peinte en 1967, *A Bigger Splash* est la troisième toile d'une série sur le thème des piscines, après *The Little Splash* et *The Splash*. Très inspiré par la photographie et les images, c'est dans une revue de construction de piscines que David Hockney a une révélation. Les piscines deviendront sa marque de fabrique. L'incroyable succès de ce tableau de 2,42 × 2,43 m révèle l'esprit très géométrique et obsessionnel de l'artiste. D'ailleurs, s'il peut paraître superflu, le cadre blanc fait partie intégrante de l'œuvre exposée à la Tate Modern de Londres. Il rappelle les années 1960, la tendance pop art et bien évidemment l'une des autres passions de l'artiste : la photographie et particulièrement les polaroïds. Une dimension moderniste et minimaliste. Bienvenue dans la Californie rêvée de David Hockney ! [...]

Cécile Martet, www.kazoart.com, 26 juin 2019.

PARCOURS ORANGE

Recherchez des informations sur la sculptrice qui a réalisé l'œuvre ci-dessous, puis **faites**-en un commentaire.

Rabarama, *1-First, Ric-ostruzione*, 2014. Bronze.

Vers le BTS

Constituez un portfolio numérique dans lequel vous classerez un ensemble d'œuvres artistiques variées (peintures, sculptures, photographies...) afin de parfaire le volet artistique de votre culture générale.

Interpréter et problématiser un corpus

Votre corpus

doc. A Un extrait de roman

Dans ce roman dystopique, écrit pendant la guerre froide, le régime totalitaire en place a créé un Commissariat aux Archives.

Il y avait les immenses ateliers d'impression, avec leurs sous-éditeurs, leurs experts typographes[1], leurs studios soigneusement équipés pour le truquage des photographies. Il y avait la section des programmes de télévision, avec ses ingénieurs, ses producteurs, ses équipes d'acteurs spécialement choisis pour leur habileté à imiter les voix. Il y avait les armées d'archivistes dont le travail consistait simplement à dresser les listes des livres et des périodiques qu'il fallait retirer de la circulation. Il y avait les vastes archives où étaient classés les documents corrigés et les fournaises cachées où les copies originales étaient détruites. Et quelque part, absolument anonymes, il y avait les cerveaux directeurs qui coordonnaient tous les efforts et établissaient la ligne politique qui exigeait que tel fragment du passé fût préservé, tel autre falsifié, tel autre encore anéanti.

George Orwell, *1984*, 1949. Traduit par Amélie Audiberti, © Éditions Gallimard.

1. Experts en composition et en mise en page.

doc. B Un graffiti

Statue de Joseph Gallieni, figure de la Première Guerre mondiale, mais aussi acteur de la colonisation. Cette statue a été taguée le 16 juin 2020.

doc. C L'avis d'un historien sur un débat d'actualité

Chaque personnage immortalisé par l'histoire humaine a souvent un côté Docteur Jekyll et Mister Hyde. [...] Il faut resituer la mémoire du bronze et celle de la pierre dans leur contexte. En effaçant nos idoles d'hier, en oubliant le contexte de leur consécration, en niant ou en hypertrophiant leurs éventuelles parts d'ombre, nous déclenchons un Alzheimer de l'histoire et de la mémoire.

J.-P. Guéno, *Ouest-France*, 15 juin 2020.

doc. D L'extrait d'un essai philosophique

L'histoire est pour l'espèce humaine ce que la raison est pour l'individu. Grâce à sa raison, l'homme n'est pas renfermé comme l'animal dans les limites étroites du présent visible. [...] L'animal, au contraire, dont la connaissance sans réflexion est bornée à l'intuition, et par suite au présent, erre, même une fois apprivoisé, parmi les hommes, ignorant, engourdi, stupide, désarmé et esclave. De même un peuple qui ne connaît pas sa propre histoire est borné au présent de la génération actuelle, il ne comprend ni sa nature, ni sa propre existence, dans l'impossibilité où il est de les rapporter à un passé qui les explique ; il peut moins encore anticiper sur l'avenir. Seule l'histoire donne à un peuple une entière conscience de lui-même. L'histoire peut donc être regardée comme la conscience raisonnée de l'espèce humaine [...].

Arthur Schopenhauer, *Le Monde comme volonté et comme représentation*, 1819. Traduit par A. Burdeau.

Votre démarche

1 Découvrez et analysez les documents.

- Identifiez chaque document (source, nature, genre et contexte).
- Notez, lors d'une lecture active, les mots-clés, les idées principales.
- Reformulez le thème et les idées défendues par chaque document.

2 Identifiez le thème du corpus.

- Classez et confrontez les documents. Lequel est le document pivot ?
- Qu'apportent les autres documents : une illustration, une opposition, une nuance, un approfondissement, une idée nouvelle... ?
- Identifiez le thème commun aux documents du corpus.

3 Formulez la problématique.

- À quelle question répondent tous les documents ?
- Sélectionnez dans chaque document les idées qui apportent une réponse à la problématique.

Mémo

La problématisation d'un corpus

- Elle résulte tout d'abord de l'**interprétation de chaque document** dont on dégage les idées principales.
- Puis on met en relation le **texte pivot** avec les textes complémentaires.
- On formule ensuite le **thème commun** au corpus.
- Enfin, on exprime **la question** que soulève l'ensemble des documents. Cette **problématique**, souvent implicite, peut résonner avec des sujets d'actualité.

Entraînez-vous !

PARCOURS BLEU

a. Dégagez le thème du corpus.

b. Identifiez les liens entre les documents.

c. Formulez les problématiques possibles.

› **Doc. 1 :** une citation de *Vie de la raison*, de Georges Santayana (1905) : « Ceux qui ne peuvent se souvenir du passé sont condamnés à le répéter ».

› **Doc. 2 :** un extrait de *Regard sur le monde actuel*, de Paul Valéry (1931), qui affirme que l'histoire « enivre les peuples » et entretient « les vieilles plaies ».

› **Doc. 3 :** un extrait de *L'Éloge de l'oubli*, de David Rieff (2018), qui conseille à une nation d'oublier les pages les plus noires de son histoire.

› **Doc. 4 :** la photographie de l'écrivain André Malraux prononçant un discours au Panthéon, le 19 décembre 1964, lors du transfert des cendres de Jean Moulin.

PARCOURS ORANGE

Formulez le thème et la visée de ce dessin, et **justifiez**. Puis **identifiez** ses liens avec le corpus de la page 134.

Illustration de Mathieu Persan.

Vers le BTS

Choisissez un sujet de Culture Générale et Expression du BTS. **Confrontez** les documents du corpus et **formulez** une problématique.

site internet
Anciens sujets de CGE (site de l'académie de Grenoble).
foucherconnect.fr/21f39

Synthétiser un corpus

Vos documents

doc. A Le tableau de confrontation du corpus de la page 134

	Thèse	Argument 1	Argument 2
Doc. D (pivot)	L'histoire est la conscience raisonnée de l'espèce humaine.	L'homme privé de son passé est comme un animal, désarmé et esclave.	La connaissance de son passé rend un peuple libre d'agir en toute conscience.
Doc. A	Privé de son histoire et soumis à la propagande, un peuple est asservi.	L'histoire d'un peuple est un obstacle pour les dictateurs. Ils la réécrivent	Une idéologie peut instrumentaliser l'histoire et lui faire dire ce qu'elle veut.
Doc. B	Il faut mettre en cause le récit officiel.	Certains ne se reconnaissent pas dans l'histoire nationale.	Le choix des figures héroïques nationales est contestable.
Doc. C	On ne doit pas trier les faits de l'histoire.	Un peuple doit assumer les erreurs passées.	La part d'ombre du passé doit être critiquée et contextualisée.
Thème commun : l'histoire : son rôle, son importance pour les peuples.			
Problématique : en quoi est-il important pour un peuple de connaître son histoire ?			

doc. B L'exemple de plan pour le développement de la synthèse

1. Un peuple qui ne connaît pas son passé n'est pas libre.

a. En effet, privé d'histoire, un individu est comme un animal, ignorant et esclave. *(D)*

b. C'est pourquoi les dictatures nient et manipulent l'histoire pour asservir les peuples. *(A)*

2. Donc il est essentiel pour un peuple de connaître son histoire.

a. Car l'histoire donne à un peuple conscience de lui-même, au contraire d'un animal. *(D)*

b. De plus, même les faits passés qui dérangent ne doivent ni être niés, ni être oubliés. *(C)*

3. Par ailleurs, il est important que chacun se reconnaisse dans l'histoire nationale.

a. Or, certains s'interrogent sur le récit officiel. *(B)*

b. C'est pourquoi les hommages rendus aux figures nationales doivent être contextualisés. *(C)*

doc. C L'extrait rédigé du développement de la synthèse

Un peuple qui ne connaît pas son passé n'est pas libre, car il ne peut exercer sa raison, affirment un philosophe et un écrivain. En effet, Schopenhauer explique que, privé d'histoire, un peuple est comme un animal, livré à son instinct. Sans mémoire, il agit par réflexe et intuition et ne peut « anticiper sur l'avenir ».

C'est pourquoi les régimes autoritaires nient et manipulent l'histoire des peuples pour les asservir. C'est le cas dans 1984 où le romancier George Orwell imagine une dictature qui impose à la société « une ligne politique » bâtie de toutes pièces par un Commissariat aux archives, chargé de corriger ou de détruire les faits passés. Par l'usage de la propagande, selon George Orwell, on peut faire dire ce que l'on veut à l'histoire pour tromper et asservir autoritairement un peuple.

Ainsi, par une comparaison avec un animal et par le biais d'une fiction, les auteurs affirment qu'un peuple sans histoire est privé de conscience et de raison.

Votre démarche

1 Confrontez les idées sélectionnées. doc. A
- Décrivez le tableau, justifiez le thème et la problématique.
- À quel groupe d'idées correspond chaque couleur de surlignage ?
- Quelle démarche argumentative ce classement induit-il ? Justifiez.

2 Observez un exemple de plan. doc. B
- Quelle thèse chaque partie développe-t-elle ? Justifiez leur ordre.
- De quoi se composent les sous-parties ?
- Justifiez le choix des liens logiques entre parties et sous-parties.

3 Analysez un extrait de synthèse. doc. C
- À quelles partie et sous-parties du plan l'extrait correspond-il ?
- Le texte est-il objectif ? Justifiez.
- Comment les idées sélectionnées sont-elles reformulées ?
- Comment cet extrait est-il introduit ? Comment se termine-t-il ?

Mémo

La synthèse d'un corpus

- Elle **restitue** et **confronte** avec **objectivité** les idées défendues dans le corpus.
- Elle annonce le thème et la question en **introduction** et y répond en **conclusion**.
- Elle **lie** et **reformule** les informations dans un développement de **2 ou 3 parties** divisées en **sous-parties**.
- Elle cite les documents par des **citations directes ou indirectes** (*cf.* page 68).
- Elle est écrite à la **3e personne**, au **présent** et au **passé composé** de l'indicatif.

Entraînez-vous !

PARCOURS BLEU

Ordonnez le développement de cette synthèse sur le rôle de l'histoire. **Associez** à chaque partie (1, 2, 3) la lettre de l'argument et de l'exemple (a, b, c...) qui lui correspond. **Appuyez-vous** sur les liens logiques.

› **Parties :**
- **Partie 1 :** l'histoire façonne l'identité d'un peuple.
- **Partie 2 :** le passé aide à comprendre le présent.
- **Partie 3 :** les héros de l'histoire nous inspirent.

› **Arguments et exemple :**

a) De plus, la connaissance du passé évite de refaire les mêmes erreurs.

b) En effet, il faut, pour faire nation, partager un héritage dans lequel chacun se reconnaît.

c) Car on ne peut comparer les faits d'actualité avec les faits historiques.

d) Car ils nous aident à nous construire.

e) Comme, par exemple, refuser de s'engager dans une guerre.

f) Donc ce qui unit un peuple, c'est son passé commun.

PARCOURS ORANGE

Identifiez les liens entre ce graphique et les documents du corpus de la page 134.
Résumez les idées qu'il confirme.
Qu'auriez-vous répondu à ces questions : individuellement, collectivement ?

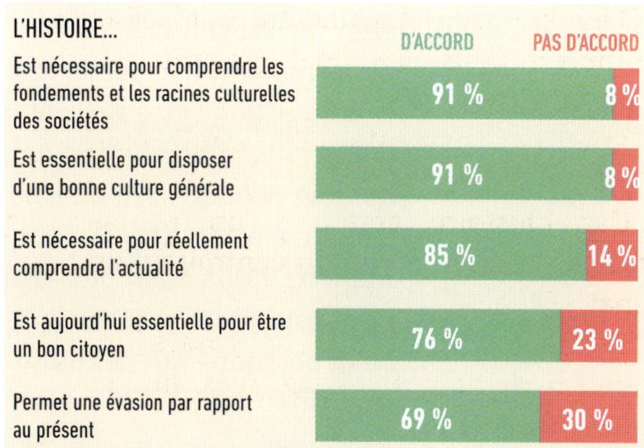

▲ Sondage Harris pour *Historia*, 2019.

Vers le BTS

Construisez un corpus en choisissant dans le manuel des textes et des images qui vous semblent intéressants. **Formulez** son thème et sa problématique, puis **rédigez**-en la synthèse.

Rédiger un sujet d'expression personnelle

Un exemple de démonstration

Le sujet **Selon vous, pourquoi ne faut-il pas manipuler les faits historiques ?**

Légende
- Sujet traité
- Lien logique
- Phrase de transition

Comme les faits d'actualité, l'histoire peut être déformée par les mêmes techniques de manipulation de l'opinion. Pour quels enjeux et avec quelles conséquences? Pourquoi ne doit-on pas falsifier les faits historiques? En quoi est-il alors essentiel de savoir reconnaître les fausses interprétations de l'histoire?

Il est vrai qu'on peut tromper le peuple en enjolivant ou en niant des faits passés. Ainsi, les fascistes italiens, le parti nazi et la France de Vichy ont utilisé le passé glorieux de leur nation pour flatter et galvaniser leur peuple, en vue de renforcer le nationalisme. Or, faire appel à l'histoire pour justifier ses actes présents, c'est de la propagande. Certains États vont jusqu'à effacer des faits historiques, comme l'existence du goulag, niée par l'ex-URSS jusqu'à l'ouverture des archives en 1989, ou le génocide de 1915 dont les Arméniens attendent aujourd'hui encore la reconnaissance. Ces « oublis » attisent la rancœur des victimes et peuvent asservir un peuple, comme George Orwell le démontre dans son roman 1984, que nous avons étudié cette année.

C'est pourquoi je défends l'idée qu'il ne faut pas manipuler l'histoire. Sa connaissance est essentielle à notre construction personnelle. Elle nous apprend en effet comment notre pays s'est constitué. Même les erreurs passées ne doivent pas être occultées car elles font réfléchir. Ainsi, c'est au prix d'une solide connaissance de faits vérifiés et critiqués par des historiens que nous pouvons bâtir, en toute confiance, notre identité. N'oublions pas qu'au Rwanda, Hutu et Tutsi ont appris à se détester dans les livres d'histoire et que cela a mené à une guerre! D'autre part, la connaissance de l'histoire, « raison de l'espèce humaine » selon Schopenhauer, fait de nous des citoyens et nous permet de participer avec discernement à la vie de la cité.

Il faut donc être vigilant car, même en démocratie, l'histoire peut être utilisée pour nous faire adopter, à notre insu, des opinions. Soyons prudents quand un homme politique s'appuie sur tel personnage du passé : Jeanne d'Arc, Jean Jaurès... Qui était-il? Quelles étaient ses valeurs? Pourquoi citer son action aujourd'hui? Méfions-nous aussi des réseaux sociaux et des médias, à l'affût de toute prise de position, même absurde, qui peut créer le « buzz ». Enquêtons sur les motivations de la personne qui s'exprime dans un talk-show. Attention enfin aux films ou aux jeux vidéo qui peuvent refléter une image mensongère d'événements passés.

En conséquence, j'affirme que tromper les peuples risque de les rendre aveugles. Cela les prive de liberté, nourrit le ressentiment, menace la cohésion de la société, fait perdre confiance dans les dirigeants... Mais nos cours d'histoire, les outils de recherche numériques, ainsi que les bibliothèques nous aident à infirmer ou confirmer toute information. Vérifions donc que les faits historiques qui sont discutés sont vrais avant de nous demander ce que nous en pensons et, à notre tour, tâchons de ne pas manipuler les autres en faisant circuler de fausses interprétations de l'histoire!

Votre démarche

1 Analysez le sujet et observez l'introduction.

- Identifiez le thème du sujet, la (ou les) thèse(s) à exprimer.
- De quelle façon le sujet est-il introduit et formulé ?
- Pourquoi s'attend-on à une démonstration argumentée dans le développement ?

2 Observez le développement.

- À quoi correspondent les paragraphes ? Comment s'enchaînent-ils ?
- Relevez les arguments.
- Classez les références au corpus, aux lectures, aux connaissances...
- Relevez quelques procédés qui prouvent l'engagement personnel : pronoms, fausses questions, termes subjectifs, lexique argumentatif...

3 Étudiez la conclusion.

- Les idées débattues sont-elles résumées ?
- Répond-on explicitement à la question posée dans le sujet ?

Mémo

La rédaction d'un sujet d'expression personnelle

- C'est une **réponse subjective** à une question posée, **argumentée** et **structurée**.
- Rédigée à la 1re ou 3e personne, elle s'appuie sur l'analyse du corpus donné, les lectures et connaissances personnelles.
- La **démarche argumentative** est fondée sur une **démonstration** : présentation logique d'**arguments** illustrés avec des **exemples pertinents**.

Entraînez-vous !

PARCOURS BLEU

Expliquez pourquoi certains ont été tentés d'effacer de l'histoire l'événement décrit ci-dessous.

Jugez si cet exemple peut être inséré dans la copie ci-contre. À l'appui de quel argument ?

Comment des hommes ont-ils pu parcourir 384 000 km pour faire quelques pas sur la Lune, et repartir si rapidement ? L'audience de la thèse du canular lunaire, « *moon hoax* » en anglais, va s'élargir dans les années 1970. Il faut dire qu'au début de cette décennie, les mensonges officiels, les Américains les découvrent avec effroi. Nixon démissionne après leur avoir copieusement menti et l'on apprend grâce aux *Pentagon Papers* la réalité de l'engagement militaire au Vietnam. Dans *Les Diamants sont éternels*, sorti en 1971, James Bond se retrouve même sur un plateau de cinéma sur lequel on fait croire qu'il marche sur la Lune.

Aldrin descend du module lunaire le 21 juillet 1969.

Thomas Snégaroff, Radio France / France Info, 19 juillet 2019.

PARCOURS ORANGE

Rédigez l'introduction de l'un des sujets ci-dessous : amorce, présentation du sujet et du plan.

Choisissez l'une des démarches proposées.

› Sujets :

- Accumule-t-on des connaissances en cours d'histoire ou exerce-t-on son esprit critique ?
- Pourquoi inclure davantage de personnages féminins dans l'histoire ?
- Mémoire et histoire, est-ce la même chose ?
- En quoi la connaissance du passé est-elle nécessaire au progrès de l'humanité ?

› Démarches argumentatives :

- D'une part... – D'autre part... – Enfin.
- Constat – Causes – Conséquences – Solutions.
- Points communs – Différences.
- Il est vrai, certes... – Cependant...

Vers le BTS

Débattez collectivement sur les acquis de vos cours d'histoire pendant votre scolarité.

Rédiger une fiche sur un livre

Vos documents

doc. A Un exemple de fiche de lecture sur un roman

Fiche de lecture n° 11

Réparer les vivants, de Maylis de Kerangal, 2013

Éditions Folio Gallimard

→ *Lu en mars 2021*

- **Genre et registre :** roman réaliste
- **Mots-clés :** mort cérébrale – choix – transplantation – famille – solidarité – humanité

1. La biographie de l'autrice

Maylis de Kerangal, née en 1967 au Havre, a d'abord travaillé dans l'édition, avant de démarrer en 2000 une carrière d'écrivaine reconnue. Son œuvre évoque le réel de notre monde contemporain, les rapports entre les êtres et la complexité des sentiments humains.

2. Le résumé de l'œuvre

Un matin, près du Havre, Simon, un jeune surfeur de 19 ans, est grièvement blessé dans un accident de voiture, qui cause sa mort cérébrale. Un infirmier, Thomas, évoque avec Marianne et Sean, les parents de Simon, la possibilité du don d'organes. En état de choc, ils consentent dans l'après-midi aux prélèvements de plusieurs organes dans le corps de leur fils, à part les yeux. Des équipes médicales venues de toute la France se succèdent alors pour prélever ce dont ils ont besoin. Le lendemain, à l'aube, le cœur de Simon est transplanté dans le corps d'une femme de 51 ans.

3. Un extrait du roman

« Le cœur de Simon migrait dans un autre endroit du pays, ses reins, son foie et ses poumons gagnaient d'autres provinces, ils filaient vers d'autres corps. Que subsistera-t-il, dans cet éclatement, de l'unité de son fils ? Comment raccorder sa mémoire singulière à ce corps diffracté ? Qu'en sera-t-il de sa présence, de son reflet sur Terre, de son fantôme ? »

4. Les thèmes et visées du roman

Le roman évoque la violence inhérente à la vie : l'accident, la mort injuste d'un homme en pleine jeunesse, la souffrance des parents face au deuil et à l'utilisation du corps de leur enfant. Mais ce roman réaliste célèbre aussi la vie, montrant le tact de l'infirmier, la générosité des parents, la chaîne de solidarité des équipes médicales. C'est enfin la vie qui triomphe quand le cœur est transplanté avec succès.

5. Le style d'écriture

L'autrice utilise des phrases souvent longues qui impriment un rythme singulier à la lecture du roman. Par ses descriptions très réalistes et ses images frappantes, l'écrivaine fait ressentir les émotions des personnages, confrontés à des situations extrêmes.

6. Ce que j'en ai pensé

→ Ma note : ★★★★☆

J'ai beaucoup aimé ce roman pour plusieurs raisons. D'une part, cette histoire m'a vraiment émue car on s'identifie aux parents qui ont perdu leur fils et on souffre avec eux. D'autre part, on se pose aussi des questions sur le don d'organes : qu'aurais-je fait à la place des parents ? Que voudrais-je si c'était moi la victime ? C'est enfin un livre qui fait réfléchir sur la condition humaine en révélant notre précarité, mais aussi nos capacités de résilience et notre force face à l'adversité.

doc. B Une fiche vierge à compléter

Téléchargez le fichier.

fichier

Fichier vierge à compléter d'une fiche de lecture.

foucherconnect.fr/21f40

Votre démarche

1 Observez la présentation visuelle de la fiche. ➜ doc. A

- Quelles parties de nature différente distinguez-vous dans la fiche ?
- Comment est-elle rendue lisible et attractive ?

2 Analysez le contenu de la fiche et sa rédaction. ➜ doc. A

- La zone titre. Quelles caractéristiques du livre y figurent ? Que peut révéler l'image de la première de couverture ?
- La biographie. Quelles informations essentielles délivre-t-elle ?
- Le résumé. Que contient-il ? À quels personne et temps est-il écrit ?
- L'extrait. Que doit-il évoquer à propos de l'œuvre ?
- Le thème et les visées. Quelle est la différence de sens entre ces termes ? Pourquoi cette rubrique est-elle indispensable ?
- Le style d'écriture. Comment se caractérise-t-il dans ce roman ?
- Mon opinion. Quel est le pronom personnel utilisé dans cette dernière rubrique ? Pourquoi ? Quel est l'intérêt de cette partie conclusive ?

3 Réalisez à votre tour une fiche sur une œuvre.

- Choisissez une œuvre (roman, pièce de théâtre, recueil de poésie, BD, film, peinture...) qui vous a plu et composez votre fiche en suivant la démarche du modèle proposé. Vous pouvez utiliser le fichier vierge proposé. ➜ doc. B

Mémo

L'intérêt d'une fiche de lecture

La fiche de lecture (qui doit être présentée sur une seule page) permet de :

- s'exercer à la pratique du **résumé** ;
- rendre compte de la **richesse** d'une œuvre ;
- se préparer en vue de l'examen du **bac pro** et d'une **poursuite d'études** ;
- se constituer une **culture personnelle** : littéraire, artistique, cinématographique...

Entraînez-vous !

PARCOURS BLEU

Résumez en trois phrases au maximum la biographie de l'autrice Leïla Slimani ou **transformez**-la en un tableau chronologique.

Fille d'un père marocain banquier et d'une mère alsaco-algérienne médecin, Leïla Slimani est née le 3 octobre 1981 au Maroc. Après son bac obtenu au lycée français de Rabat en 1999, elle suit des études littéraires à Paris et décroche un diplôme en sciences politiques. Bien que passionnée de théâtre, elle se lance dans des études de journalisme et entre dans la rédaction du magazine *Jeune Afrique*. En 2012, Leïla décide de se consacrer pleinement à l'écriture et obtient un premier succès avec son roman *Dans le jardin de l'ogre* en 2014. Deux ans plus tard, son roman *Chanson douce* est récompensé par le prix Goncourt 2016. Dans son œuvre, Leïla Slimani s'attache notamment à défendre la dignité des femmes.

PARCOURS ORANGE

À partir de vos connaissances sur ces films et/ou de leur bande-annonce, **présentez** quelques-uns de leurs thèmes et leurs visées.

Vers le BTS

Dressez, dans un dossier numérique, le bilan de votre « patrimoine culturel » en listant les œuvres étudiées depuis votre entrée au lycée ou appréciées durant vos loisirs.

Prendre des notes sur un document oral

Vos documents

doc. A Une chronique de France Info

Écoutez une chronique de France Info.

audio
« Ces techniques d'addiction qui nous collent aux écrans », Jérôme Colombain, 6 février 2020. (4 min 23)
foucherconnect.fr/21f41

Pour se préparer à un débat sur les addictions aux écrans, un élève effectue des recherches. Il écoute une première fois la chronique ci-contre pour s'assurer qu'elle traite bien du thème. Puis, à la seconde écoute, il prend des notes.

doc. B Un exemple de prise de notes

15/11/21

France Info : Nouveaux mondes.
Ces techn^{q} d'addict^{o} qui ns collent aux écrans

I. Nbses techn^{q} pr ns enchaîner à ns portables

FOMO = Peur rater qqch

1) dep. 2000' : notif^{o} (push)
< Mécan-physio^{q} (cerveau)
= circuit récompense
Ch. notif^{o} (like) → sécrét^{o} dopamine (hormo plaisir) → réac^{o} +
2) RS s'appuient sr neuro-sc. pr dével. accoutumance

II. Renvs^{mt} tendance → lâcher prise

NOMOPHOBIE Peur oublier portable

1) Nvelles techn^{q} pr ↓ tps écrans (ex : indic^{o} tps passé)
2) Paradoxe : < indus num^{q}
• responsb^{té} entreprises
• éviter accus^{o}

III. Conseils pr décrocher
1) paramétrer notif^{o}
2) cacher ds appli^{o}
3) fonc^{o} mise en sourdine

Dr Dan Véléa Ψâtre addic^{gue}

Parents = limiter tps!

⚠ vigilance / données perso → intimité!

doc. C Un autre exemple : la méthode Cornell

Le système Cornell a pour objectif de faciliter la révision des notes et donc l'apprentissage en simplifiant l'identification des éléments essentiels.

Date, matière, numéro de page…	
Questions qui pourraient être posées lors d'un contrôle de connaissances	Notes prises pendant le cours
Résumé de la page	

Votre démarche

1 Avant de commencer, cernez les enjeux d'une prise de notes.

- Contextualisation. Pourquoi l'élève prend-il des notes ?
- Thème et mots-clés. Sur quel sujet portera ce débat ? Que signifie, dans ce contexte, le mot « *écrans* » ?

2 Écoutez l'enregistrement. ➔ doc. A

- Sur quelle addiction porte-t-il ? Qui s'exprime ? Dans quel but ?
- Deux néologismes (mots nouveaux) sont utilisés au début : lesquels ? Que désignent-ils ? Comment les orthographier correctement ?
- Dites quelles sont les différentes parties dans cette chronique.

3 Observez l'organisation et l'écriture de la prise de notes. ➔ doc. B

- Mise en page. À quoi servent l'encadré en haut et la partie gauche de la prise de notes ?
- Plan. Comment le plan de l'intervention apparaît-il ici ? Quels éléments sont mis en évidence et de quelle manière ?
- Écriture. Illustrez chaque procédé cité dans le Mémo par des exemples.

4 Évaluez la prise de notes.

- La prise de notes du ➔ doc. B est-elle compréhensible par tous ? Est-elle fidèle au document oral ? Des éléments ont-ils été ajoutés ? Pourquoi ?
- Comparez les ➔ doc. B et ➔ doc. C. Visent-ils les mêmes objectifs ?

Mémo

La prise de notes

On ne note pas tout : on trie et on condense les idées clés.

La **mise en page**, aérée, nécessite un **code** efficace : titres, intertitres, puces, couleurs, chiffres romains (I, II), numéros.

Quelques procédés :

- **nominalisation :** transformation d'un verbe en nom ;
- **suppression de mots** (articles, adverbes, pronoms, voire verbes) ;
- **abréviations :** suppression de lettres (qqch = quelque chose), ou de suffixes remplacés par des lettres ou symboles (expo° = exposition) ;
- **signes codés :** ↗ (en augmentation), +, =, − (quantité), ≠ (différent), → (implique), ♀ (femme).

Entraînez-vous !

PARCOURS BLEU

1 Cherchez la signification des abréviations ou acronymes suivants : NB / cf. / etc. / id. / vs / env. / Mo / AM / FAQ.

2 Réécrivez les expressions ou phrases suivantes en les abrégeant et/ou en utilisant des signes. **Aidez-vous** du Mémo.

a. Changement – pourquoi – psychologue – donc – technique – supériorité – Monsieur – c'est-à-dire – inégalité.

b. Il a beaucoup travaillé parallèlement à ses études avant de réussir.

c. Depuis quelques années, les challenges se multiplient sur les réseaux sociaux.

d. En un siècle, les femmes ont obtenu de nombreux droits. Cependant, l'égalité hommes/femmes n'est pas encore, aujourd'hui, totalement acquise.

PARCOURS ORANGE

1 Réécrivez la phrase prise en notes.

phéno + en + imptt. auj. aux EU : on assiste à ↗° actes chir. esthetq chez cert. ado. Ils recherchent m̂ effets que filtres snap.

2 Écoutez le rappel des titres sur France Info et **prenez**-les en notes : **utilisez** des nominalisations, signes et abréviations.

Vers le BTS

Regardez la vidéo, puis **identifiez** deux chiffres clés, deux notions importantes et **reformulez** quatre idées essentielles en les condensant. **Comparez** vos prises de notes.

vidéo
Interview de Bruno Patino, l'auteur de *La Civilisation du poisson rouge*
(2 min 54)
foucherconnect.fr/21f42

Crédit photographique

4 ph © SWNS / ABC /Andia.fr
6-h ph © Juana Mari Moya / Getty images
6-m ph © Rudi Sebastian / plainpicture.com
8-9 ph © SWNS / ABC / Andia.fr
10-g ph © Trendsetter Images - stock.adobe.com
10-m ph © track5 / E+ / Getty Images
10-d ph © Patrick Sheandell O'Carroll / PhotoAlto Agency RF Collections / Getty Images
11 © Pawel Kuczynski
12 ph © Anwar Amro / Afp
13 © Fondation GoodPlanet
14 Doc. fondationdesfemmes.org / video-tu-seras-un-homme-mon-fils/
16-b ph © Annette Reuther / dpa / picture-alliance / Maxppp
16-h © Isaac Cordal
17-h © Vaughn Bell, photo courtesy of Chicago Botanic Garden
17-b ph © D.R. / ©Studio Olafur Eliasson
18 ph © Isaac Babatunde / Afp
20-b ph © Jean Malek
20-g © Joël Renaudat/Éditions Robert Laffont
21 à 24 © MGM Television / coll. Christophel
28 ph © Costa / Leemage
29 ph © The Granger Collection, New York / Coll. Christophel
30-b © Vincent Callebaut Architectures, Paris - Projet SMART CITY 2050
30-h ph © Jean Pierre Lescourret / hemis.fr
32-h ph © Nicolas Friess / Hans Lucas
32-m © Actes Sud
33 © Move Movie / Mars Films / coll. Christophel
34 © Éditions Denoël
35 ph © Jasper James / The Image Bank / Getty images
36 © Éditions Fayard
38-h ph © metamorworks / iStock / Getty Images Plus
38-m ph © Gabriele Guida / PARALLELOZERO-REA
38-b ph © OstapenkoOlena / iStock / Getty Images Plus
39 ph © Oliver Burston / Ikon Images / akg-images
40-hg ph © Ridofranz/iStock / Getty Images Plus
40-bg ph © Nicolas Guyonnet / Hans Lucas
40-hd ph © Justin Metz / Ikon Images / akg-images
40-bd ph © Gary Waters / Ikon Images / Photononstop
42-g ph © Roberto Frankenberg 2019
42-d © Éditions du Seuil-collection POINTS
43 © Stéphane Trapier
44 © Adagp, Paris 2021 - ph © Christie's Images / Bridgeman Images
45 © Mémorial de la Shoah (dessin de George Horan)
47 © Adagp, Paris 2021 - ph © akg-images
50 © Quentin Leeds - Avec l'aimable autorisation des Ed. L'Iconoclaste
51 © Éditions Les Liens qui libèrent, 2020
52 © Sciences Humaines - Altruisme et solidarité - juin 2020 - n° 326
54 ph © Jean Bernard/Leemage
55 © Adagp, Paris, 2021 - ph © Thomas Claude / Adagp images
56 The Jungle White House - WarRoom. 2016 © Chris Morin-Eitner
57 Doc. www.aquaverde.org
58-g © Artcurial (Vente Artcurial au profit des Écoles de l'Espoir - 9 novembre 2009)
58-d Doc. Courrier de L'UNESCO juillet-septembre 2019 - Illustration © Roberto Cigna - Couverture © UNESCO 2019
59-g Doc. www.gouvernement.fr/ tous-unis-contre-la-haine - © 2020 France Victimes - Tous droits réservés
59-d ph © DPA / Photononstop
61-hg ph © Denis Rouvres - Altmann+Pacreau / Fondation Abbé Pierre
61-bg ph © Lee Jeffries - Altmann+Pacreau / Fondation Abbé Pierre
61-bd ph © Diversity Studio - stock.adobe.com
61-hd © Benetton
63-d ph © andriano_cz / iStock / Getty Images Plus
63-g © Fleurus Presse « Comment ça marche » n° 121, novembre 2020
65-g ph © Christophe Lehenaff / Photononstop
65-d © Brouck / Iconovox
67-hg Doc. Archives Hatier
67-mg ph © Collection Michael Lellouche / Leemage
67-bg ph © cristovao31 - stock.adobe.com
67-bd ph © K.C. - stock.adobe.com
69-mg ph © max_play - stock.adobe.com
69-bg ph © Amelie - stock.adobe.com
71 © Éditions Actes Sud
73-bg Doc. Wikipédia Community Cartoon CC0 1.0 (by Giula Forsythe)
73-bd ph © praetorianphoto / Coll. E+ / Getty Images
75 © Éditions Fluide Glacial
77 © Opusbou
79 © JM Ucciani
81-h ph © Drobot Dean - stock.adobe.com
81-m ph © RapidEye / E+ / Getty images
81-b ph © fizkes / iStock / Getty Images Plus
83-h ph © Léonard de Serres / onlyfrance.fr
83-b ph © Centre Pompidou, MNAM-CCI, Dist. RMN-Grand Palais / image Centre Pompidou, MNAM-CCI
84-h Tours, musée du Compagnonnage / Richard Nourry
84-m © Adagp, Paris, 2021 - ph © François Fernandez / Adagp images
84-bg ph © Baptiste Fenouil / REA
84-bd ph © Image Source / Getty Images
87-g ph © Maunoury / Andia.fr
87-d © Miss Lilou
88 ph © Martin Sasse/LAIF-REA
90-91 ph © Juana Mari Moya / Getty images
94 © Gouvernement du Luxembourg - Administration de l'environnement
97 © Nigel Cooke, courtesy Pace Gallery - Photo : Robert Glowacki, courtesy the artist
98 ph © Erich Lessing / akg-images
100 © Tommy dessine - Coget Thomas
114 ph © Robert Doisneau / GAMMA-RAPHO
116-117ph © Rudi Sebastian / plainpicture.com
118 ph © Maksym Povozniuk - stock.adobe.com
119 ph © onephoto - stock.adobe.com
120 ph © auremar - stock.adobe.com
122 ph © shapecharge / E+ / Getty Images
123 ph © Good Studio - stock.adobe.com
124-hg © Pôle emploi
124-hd © Pôle emploi
124-b Doc. Extrait d'Un entretien, de Benjamin Lavernhe, 2015
125 ph © REDPIXEL - stock.adobe.com
126-g ph © stock.adobe.com
126-d ph © curto - stock.adobe.com
128-h ph © baertos / iStock / Getty Images Plus
128-b ph © Joe Raedle / Getty Images North America / Getty Images VIA AFP
130-hg ph © Philippe Matsas / Opale / Leemage
130-bg Doc. Archives Hatier
130-bm ph © WHA / World History Archive / akg-images
130-bd ph © Matthew Abbott / PANOS-REA
131 © Éditions du Seuil, 2018, Points, 2019
132 © Dustin Yellin
133 © by Rabarama
134 ph © Serge Tenani / Epicureans
135 © Mathieu Persan
139 ph © NASA / Neil Armstrong
140 © Collection Folio, Gallimard.
141-bg © SRAB Films - Rectangle Productions - Lyly Films / Coll. ChristopheL
141-bd © Warner Bros. - BRON Studios - Village Roadshow Pictures - DC Comics - DC Entertainment - Creative Wealth Media Finance - Join / Coll. ChristopheL

Couverture :
Haut ph © FG Trade / Coll. E+/Getty Images
Milieu ph © Oliver Burston / Ikon Images / akg-images
Bas © ILJIN - « La Chasseresse », détail de la fresque réalisée par l'artiste Pawel ILJIN, Festival de Street Art MURMURS, Decazeville (Aveyron), 2019 - ph © Patrice Thebault / onlyfrance.fr

Malgré nos efforts, il nous a été impossible de joindre certains auteurs ou leurs ayants-droit pour solliciter l'autorisation de reproduction, nous avons réservé en notre comptabilité les droits usuels.

NB/CL-VO
Achevé d'imprimer en France par Imprimerie IPS
Dépôt légal : 16189-8/01 - Avril 2021